Twitterで教師に人気急上昇！

さる先生の「全部やろうはバカやろう」

Yoshiaki Sakamoto
坂本良晶

房

はじめに

「全部やろうはバカやろう」

こんな変なタイトルの教育書を手にとっていただき、ありがとうございます。

はじめまして、坂本良晶と申します。Twitterでは「さる@小学校教師」というアカウント名で発信をスタートして一年半。ありがたいことに、こうやって本を出版させていただくまでになりました。本書のテーマは教育の生産性向上です。

今日の日本の教育に関する話題は暗いといえます。特に近年問題視されているのは、教員の労働時間問題。日本中で「学校の仕組みを変えないと！」という声が上がっています。「人員を増やせ！」「仕事を減らせ！」そういった声が国へ届き、その仕組みが変わりつつあることは事実です。ＳＮＳ上での一人ひとりの声が重なり、大きなうねりとなりさまざまな旧態依然としたシステムを押し流そうとしています。先陣を切った方々の、その行動力と勇気に敬意を表します。

しかし、肥大化してしまった生産性の低い今日の教育システムを根本から変えていくことは、一朝一夕に実現するものではありません。今、変革期に突入していることは疑いようのない事実ですが、その歩みは極めて遅いといわざるを得ないでしょう。

そこで、今この瞬間からでもスタートできることを始めましょう。それこそが**「内なる働き方改革」**です。つまりは**「まずは自分自身の生産性を上げる」**ということ。

この本で書かれていることは
「子どもの成長のためにこれをやりましょう」という足し算ではなく、「子どものためにこれをやめましょう」という、引き算の提案が多くを占めます。

タブーに触れる内容も多く、戸惑われることもあるかもしれません。しかし、誰かがタブーをたたき壊せば、それはタブーではなくなります。

「教師が生産性を上げる」という意識は、もはやタブーではありません。

より短い時間で、より良い教育を。

いったん、目線を教育の世界ではなく、ビジネスの世界へと向けてみましょう。すると、教員よりも遥かに膨大な仕事量を、より短い時間で処理し、圧倒的な成果を残しているビジネスマンが多く存在していることがわかります。僕はそういったビジネスにおける様々な思考、手法を持ち込めば学校の世界観は一気に変わってくるのではないかという仮説を立て、実行してきました。

そして一定の成果を残してきたと言う自負があります。

本書には教育の生産性向上を実現させるためのマインドとノウハウについて、魂と情熱と皮肉を存分に込めて書き上げました。

この1冊が、日々の仕事に追われ、疲れ切った先生方を救うための一助となれば幸いです。

坂本 良晶

さる先生の「全部やろうはバカやろう」　もくじ

1章 教育の生産性を上げて5時に帰るために！

2章 最大成果を生むための最適解を導き出そう！

3章 まずは自分の生産性を上げよう！

4章 時間に追われるな！　手懐けろ！　タイムマネジメント術

5章 ルールを知る者だけが勝てる「学級経営オセロ」!

6章 自分のミッションを持つ

1章

教育の生産性を上げて5時に帰るために！

そもそもどんな考え方で仕事をしていますか？

生産性を上げるために、まず必要なことは何か。それはマインドセットです。「そもそもどういう思考で仕事をしていくか？」ということです。

では、どんな思考を脳ミソへとインストールすべきなのか？　と聞かれたら、僕は迷うことなく、ビジネス書からグレッグ・マキューン氏の『**エッセンシャル思考**』を薦めます。

一体なぜか。それは、今日の学校現場は、マキューン氏が言うところの「非エッセンシャル思考」の巣窟であり、その惨状を解決へと導くものが**最小の時間で成果の最大化**を図ろうとする「エッセンシャル思考」だからです。

では、非エッセンシャル思考を象徴する言葉を挙げていきます。

「どれも大事だ」「全てやらなくては！」「はい、やります！」「何とか頑張ります！」

「あれもいいな！　これもいいな！」「全部やろう！」……。

こういったことを繰り返していくうちに、本質的に大切なものを見失っていきます。その結果「どれもが中途半端だなぁ」「何か振り回されているなぁ」「あぁ疲れた」と、頑張っている割に、成果が上がらず疲労感や焦燥感ばかりが募っていく。そういった状況に陥っているシーンは、とても多いのではないでしょうか。全てに手を出した結果、全てができていないという最悪の状態だといえます。非エッセンシャル思考で仕事を進めてしまった故の悲劇です。

ただ頑張るだけでは悲劇が待っている！

とある小学校教員Aの悲劇。

桜が舞い散る中、ヤル気に満ち溢れハツラツとした笑顔で子どもたちを迎えます。

授業の準備も遅くまで頑張り、ノートにも一人ひとりビッシリコメントを書き、充実感に溢れる毎日。「あぁ、やっぱり教師って最高だなぁ！」と毎日を楽しく過ごしています。どの授業も手を抜くことなく、全身全霊で取り組みます。もちろん休み時間も子どもたちと外で元気よく遊びます。

また若手のホープとして、重要な校務分掌も受け持っています。学校長からも「大変だと思うが、必ず君の成長にも繋がる。頑張ってくれたまえ」と期待を寄せられています。その期待に応えるべく、校務分掌の仕事も、抜かりなく完璧にしようと日々奮闘しています。

そして、休日にはあちこちの教育セミナーへ出向いたり、教育書を読んだりもします。新たな教育実践を取り入れようと、休みの日も教材研究に余念がありません。

しかし、毎日遅くまで残業しているせいか疲労が溜まっていきます。仕事に追われる毎日で、どんどん余裕がなくなります。

子どもたちの前でも、初めの頃の笑顔は何処へやら。授業の準備もままならず、自分の理想とはかけ離れたいまひとつな授業を毎日繰り返していくうちにイライラは募っていくばかり。子どもたちもチグハグな授業に嫌気がさしてきたのか、気持ちも離れ始めます。不満という負債が少しずつ蓄積されていきます。そして、それは徐々に問題行動として表出してきます。子どもの問題行動に「いい加減にしろーー！」と大声で怒れば怒るほど、子どもたちの荒れはエスカレートしていく。

疲労困憊の毎日。それでも、付き合いもあるので、休日の教育セミナーには参加します。でも、もはや心ここにあらず。

夕暮れ時。帰りの電車の窓に映る自分の表情からは、教師としての魅力がゴッソリと抜け落ちたものとなっていました。

そしてついに、夏休みを前に学級崩壊の烙印を押された彼は、心身共に疲れ果て体調を崩して入院することに……。

「あの先生、頑張ってたのにね」こんな声がどこからか聞こえてきます。しかし、残念ながら**頑張ることは目的ではありません。あくまでも手段なのです。**

非エッセンシャル教師の失敗を読み解く

やる気と責任感に溢れていた彼が、なぜそのような大失敗をしてしまったのでしょうか。それはエッセンシャル思考を欠いていたからに他なりません。エッセンシャル思考の４つの観点から、その失敗を読み解きたいと思います。

1　より少なく、しかしより良く

勤務時間と成果が比例するというのは幻想です。限られた時間で、何ができるかという考えを持たなければいけません。より少ない勤務時間で、しかしより良い成果を生み出そうとするアプローチです。これは教育の生産性を上げていくという文脈のド真ん中です。

2　選択

「選ぶ」という選択肢は、彼の中にはなかったようです。全てを勝ち取ろうと、両手いっぱいに全てを抱え込んでしまっていました。しかし、結局足元の石ころに蹴躓いて、全てを落としてしまったのです。もし、本当に大切なものだけを大切に掴んでいたら、そうはならなかったのかもしれません。「選ぶ」ことを選ぶことも、必要なのです。

3　ノイズを除去する

それほどまでに彼を突き動かしたものは何でしょうか。もちろん教育に対する強い情熱が一番でしょう。しかし、さまざまなノイズが彼の耳朶を間断なく打ち続けていたのです。見栄、評価、体裁、忖度。そういったノイズを除去するフィルターを耳に装着していないと、これらに絡め取られ、徐々に本質を見失っていきます。

4　トレードオフ

教師として、武器を1つ持つことが大切です。体育なら体育、算数なら算数。全てのパラメータをバランスよく拡大していこうというスタンスはよくありません。

自然界の動物でたとえましょう。チーターは、パワーと引き換えに類い稀なスピードを獲得しました。それに対し、ライオンはスピードと引き換えに圧倒的なパワーを獲得しました。これらは自然の理に叶っています。何かを尖らせることで、過酷な自然界という市場での価値を高め、生存率を高めているのです。

もし、チーターの半分のスピードとライオンの半分のパワーの動物がいたら、果たして生存競争を勝ち抜くことができるでしょうか。獲物になかなか追いつけないし、仮に追いついても倒すパワーが足りない。これはスピードとパワーが両立不能の関係にある状態です。

教師にも同じことが、あてはまるかもしれません。組織における自分自身の市場価値を高めて活躍したいと思うのであれば、尖らせるポイントを絞っていく必要があると僕は考えます。1つ飛び抜けて尖ったものを持っている人は、結果的にトータル的な信用を集めることができます。

1 「全部やろうはバカやろう」

「全部やろうはバカやろう」これは僕が勝手に考えた座右の銘です。手前味噌ではありますが、エッセンシャル思考の本質を完璧なまでに言い表していると感じます。『エッセンシャル思考』の冒頭にはこのように書かれています。

本当に重要なことだけをやると決めてから、仕事の質は目に見えて改善された。あらゆる方向に１㎜ずつ進むのをやめて、これと決めた方向に全力疾走できるようになったからだ。

多忙という霧の中から真に成果が出る仕事を曇りなき眼で掴み出す。そして、それに**時間とエネルギーを集中投下することにより、成果は生み出される**のです。やみくもにエネルギーを全方位へと分散投下していては、ジリ貧まっしぐらです。

それを見極めるためには、目先のことに一喜一憂するのではなく、大局観を持つことが求められます。教育の目的とは一体何なのか？

それは**子どもを伸ばすこと**。多忙にまみれ、仕事を見極めるレンズが曇った時には、今一度、この目的にたどり着く仕事なのかを見つめ直すと良いでしょう。

さあ、エッセンシャル思考を脳ミソへインストールしたところで、次からは仕事の生産性を高めていくための具体的な方法について考えていきましょう。

仕事の成果

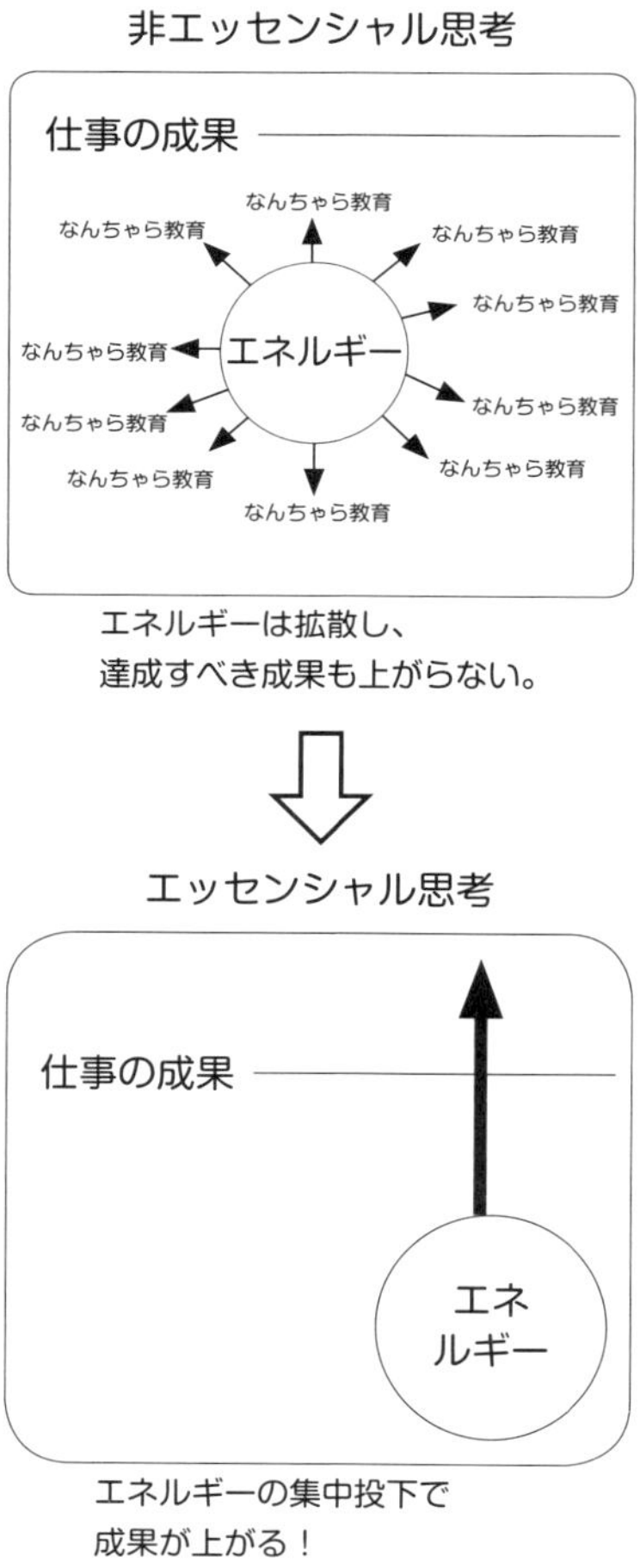
非エッセンシャル思考
仕事の成果
なんちゃら教育
エネルギー
エネルギーは拡散し、
達成すべき成果も上がらない。
エッセンシャル思考
仕事の成果
エネルギー
エネルギーの集中投下で
成果が上がる！

2章

最大成果を生むための最適解を導き出そう！

「価値ある仕事を選ぶ」ことを選ぶ

「選択と集中」この考えは学校現場において重要なものです。仕事に取り掛かる前に、まずはその仕事に価値付けをします。そして、真に価値のある仕事を選択・集中して時間とエネルギーを投下するというアプローチです。時間は有限、仕事は無限です。無限に対して有限で挑もうというのだから、それはそれは無謀な戦いです。

まず、やるべき仕事か、そうでないかを判断しましょう。

無選択に全ての仕事の質を上げようとするのではなく、成果を上げられる**「価値ある仕事を選ぶ」ことを選ぶ**のです。勇気を持って。

やらなくても良い仕事は、たくさん存在しています。ここでよく勘違いされるのが、「いやいや、しなくて良い仕事なんてないでしょう。誰かに押し付けるのですか？」といったパターンです。これはとんだ勘違いです。そうではなく、自分の受け持った仕事に対して、投下する時間・エネルギーの配分を調整し、仕事の質を意図的にコントロールすることにより、時間を捻出しようという考えです。

野球のピッチャーでたとえるとわかりやすいです。マッチョな4番バッターには4番バッターなりのピッチングを、もやしのような8番バッターには8番バッターなりのピッチングをすべきなのです。そうやって消費するエネルギーのバランスを調整していかないと、早々とスタミナ切れを起こして、ゲームを作ることができません。

学校現場でも、同じことが言えます。4番バッターの仕事とは、何でしょうか。それは**学力向上**であったり、**学級経営**であったりするはずです。このバッターには最大限のエネルギーを投下して打ち取りにいくべきです。

それに対して、年度の初めに作成する○○計画書といった、子どもに1㎜も還らないような8番バッターの仕事は、スローボールで打ち取るべきなのです。キレッキレの高速スライダーで胸元を抉る必要はありません。

学校現場では「時間」というリソースが無限にあるという幻想に囚われがちです。その結果、仕事が終わらなければ残業をすればいいという悪い癖を持ってしまいます。しかし、ここには大きな落とし穴があります。

それは、人間は一定の疲労のデッドラインを超えると、生産性が下がるということです。8時間働いて8の仕事ができたからといって、12時間働けば12の仕事ができるわけではありません。疲労という補正がかかるためです。

そのため、自身の勤務時間の適正化を図ることは、自身の仕事の質を高めるための大前提であるべきなのです。

教育の生産性の計算式とは?

生産性とは、ビジネスの世界で重要視される概念です。生産性は次のような公式で表すことができます。

生産性＝アウトプット（産出量）÷インプット（投入量）

企業活動におけるアウトプットとは、生産量や売上額等が、インプットは、人件費、時間、資本等がそれにあたります。

すなわち、生産性を上げるためには、いかに少ないインプットで、アウトプットを拡大できるかが鍵となってくるのです。

学校現場に置き換えて考えましょう。学校活動におけるアウトプットは、子どもたちの学力向上、生活力向上等が挙げられるのではないでしょうか。学校とは、そもそもそれらを向上させるために設置された機関であるはずです。しかし、子どもの正の変化を生まない仕事に忙殺され、いつの間に

生産性の公式

教育の生産性 ＝ 子どもの正の変化 ／ 投下した時間・エネルギー

生産性 ＝ アウトプット（得られた成果） ／ インプット（投入資源）

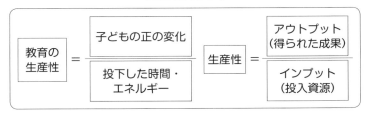

か、その大切な視点が置き去りにされてしまっていると感じます。

仕事の価値付けをする際、指標になるのが、教育の生産性の公式です。分母が投下した時間・エネルギー、分子が子どもの正の変化。これに照らし合わせて、教育の生産性が高い仕事が、本質的重要度の高い仕事といえます。こういった仕事を選択し、エネルギーを集中させて、火の玉ストレートを投げ込んでいくという働き方のスタイルが重要なのです。

子どもと教師が、Win-Winになる働き方の在り方を考えた場合、これが最適解となるのではないでしょうか。

するべき仕事を４つに仕分けしよう

仕事には次のような４階層が存在していると考えています。

【マイナス仕事】

やればやるほど本質的には**子どもへのマイナスをもたらす仕事**。教師が正解主義に傾倒する余り、子どもの主体性を殺す指導等がこれにあたります。集会の発表等で、見栄えを気にして、セリフを全部教師が考えて、ただ子どもたちに読ませるといった手段の目的化に陥っている風景をよく見ます。これはすべきでありません。子どもを信じて任せることも必要です。

【ファッション仕事】

やっても**成果を生まない自己満足仕事**。そこに費やされるエネルギーは、ひょっとしたら子どものためではなく、自己満足や自己顕示のためなのかもしれません。手のこんだ掲示物等がその一例です。これがいわゆるファッション仕事といえます。

仕事の４階層

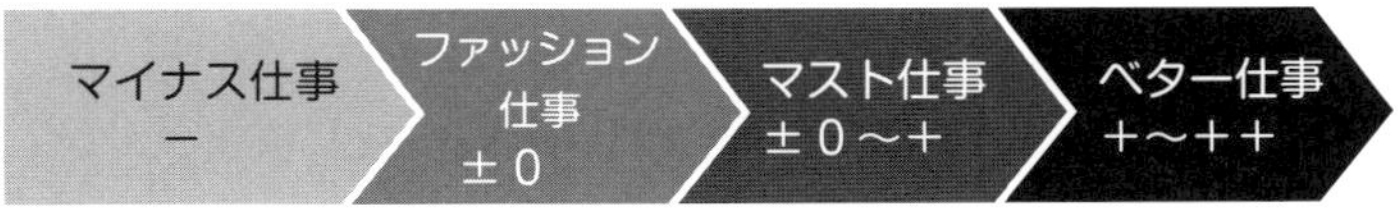

【マスト仕事】

やらなければいけない仕事。たとえば、通知票のさまざまな所見などです。しかし、**一見すると重要度が高そう**でも、その仕事は、本質的には重要ではないのかもしれません。その表面的重要度とは裏腹に、実際の成果は小さいというネジレが存在することも多いので、配分するエネルギーは考えなければいけません。

【ベター仕事】

やった方が良い仕事。実はここの仕事が一番多いのです。その中で**＋＋にあたる教育の生産性が高い仕事を選択・集中して成果を出していく**というマインドが最も重要となってきます。富士山のてっぺんの１００円を拾いに行くような、極微な＋を得るために労力をかけて達成しようとするマインドはご法度です。コスト意識は、学校現場において軽視されたり、タブー視されたりしがちです。しかし、教師の仕事が肥大化した今日の学校現場では必要不可欠なものです。**コスト意識**、大切にしましょう。

本質的な重要度の高い仕事はどれか？

では、具体的に仕事をどのように価値付けして、選択・集中していくのか。そのための助けとなるのが、生産性マトリクスです。仕事に取り掛かる前に、常々脳内にこのマトリクスを描き、その仕事がマトリクス上のどこに位置するのかを見極めることが重要です。**目の前の仕事をいかに早く処理するかよりも、何の仕事にエネルギーを注力するかの正確な選択のほうが生産性を上げるためには必要な視点**です。

次頁の図は、縦軸を仕事のデキ、横軸を仕事の価値とした4象限のマトリクスです。

縦軸＝仕事のデキ

意図的にコントロールする意識が大切です。価値ある仕事にのみ、時間・エネルギーを集中投下して質を上げるという、最小労力・最大成果を目指しましょう。

横軸＝仕事の本質的重要度。本当に大切な仕事はそんなに多くはありません。「より少なく、しかしより良く」のエッセンシャル思考を持ち、右の象限の仕事の数を絞ることが大切です。

ここからは、4象限のそれぞれの仕事の割り振り方について考えます。

D領域　完了思考ゾーン
時間対効果で考えよう

この領域には、本質的重要度が低い仕事が存在します。すなわち、成果が上がらない、もしくは一定の成果が上がることが予想されるが、多くの時間・エネルギーを要するために、生産性が上がらないため、選

生産性マトリクス

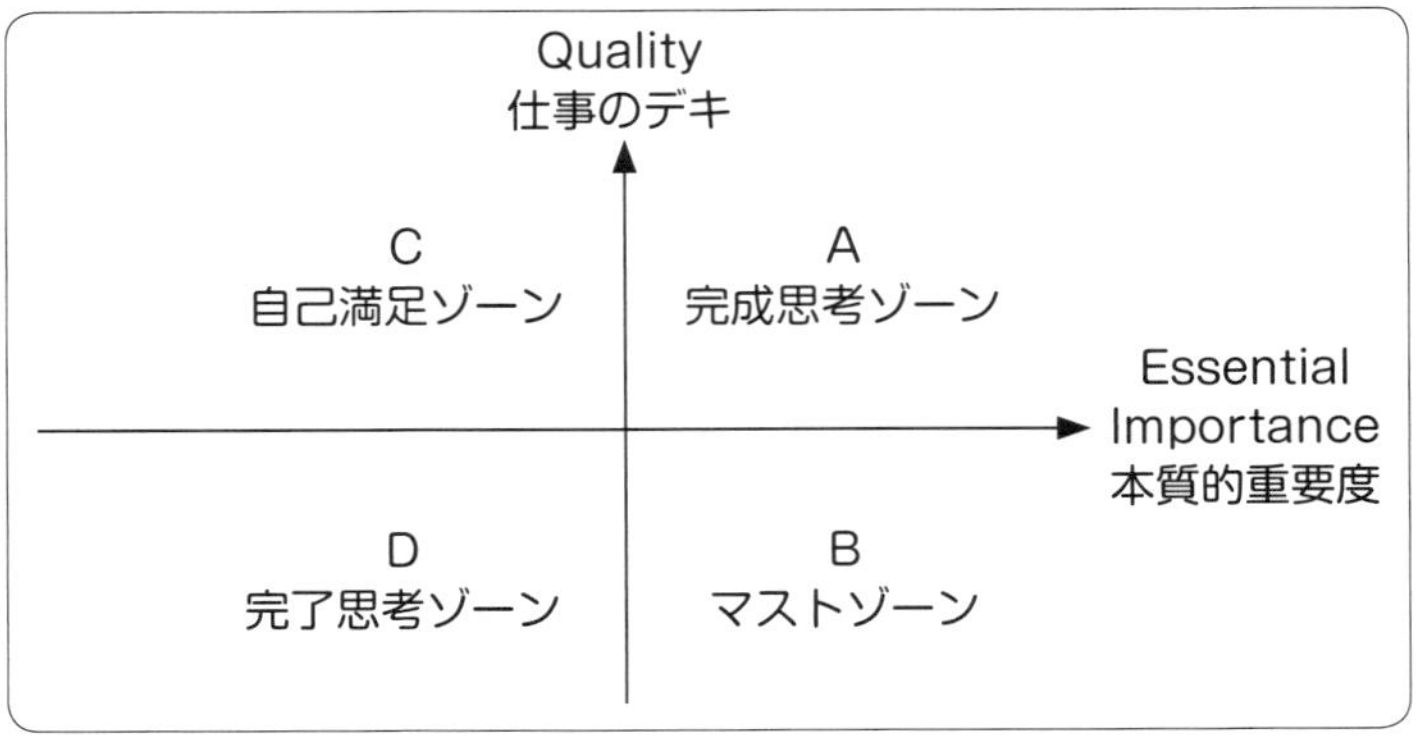

A の完成思考ゾーンに入る仕事を選択し、力を集中するとよい。

択から漏れた仕事の居場所といえます。ここの仕事は、とりあえずこなせばオッケーという、**質を問わない完了思考で処理**しましょう。

たとえば、ノートチェック。授業が終わるたびに、全員のノートをチェックして、コメントをびっしり書くことは、確かにベターかもしれません。子どもたちの学習状況を把握し、モチベーションを高めるために。

しかし、**時間対効果**というコスト意識を持ったとき、これは本当に素晴らしいことなのでしょうか。放課後、夜遅くまでそれをすることで、疲労を溜め込んでしまうこともあるでしょう。持続可能性という観点から、選択と集中をすべき仕事です。

C領域　自己満足ゾーン　成果につながるか？

この領域を、「自己満足ゾーン」と呼びます。時間だけは食うが、子どもたちの正の変化を引き出すことのない時間食い虫の仕事が存在する領域だからです。

「子どもたちのために！」と思っていても、実は子どもの成長のためではなく、自分の自己満足や周囲へのアピールが目的にすり替わっているのかもしれません。それは、**ファッション仕事**です。運動会や学習発表会での見栄え重視という価値観から、この仕事は生み出されがちです。

そういった仕事は、下の**D領域へ叩き落として完了思考でこなすか、そもそもやらないという選択肢を行使すべき**だといえます。

子どもの成長へ繋がる仕事へ時間を投下することで、教育の生産性は向上していくのです。

B領域　マストゾーン　本質的に重要な仕事か？

やることが義務付けられているマスト仕事がここに配当されます。

この領域の仕事は、２つの視点で分ける必要が出てきます。

1つは、**一定の子どもの正の変化を引き出すマスト仕事**です。たとえば通知表の所見。そこで子どもの頑張りを認証し、勇気付けることで2学期以降のモチベーションを高めることができるなら、本質的重要度の高い仕事といえるでしょう。

そしてもう1つは、**子どもの正の変化を引き出さないマスト仕事**です。最もわかりやすい例は要録所見。これは本当に見事さっぱり誰も見ません。手段が目的化した仕事の典型です。要録自体は公文書なので非常に重要なものですが、子どもの成長には1㎜も還らないため、本質的重要度は非常に低いという、強烈なネジレが生じています。こういった仕事を**ネジレ仕事**と呼びます。

ある意味、このゾーンの仕事の扱いが最も重要です。一見、A領域へ入れても良いような仕事を、いかにここに叩き落とすか。むやみにA領域へとどまらせていてはいけません。

先ほど槍玉に挙げた要録所見。時間をかけてパソコンで下書きしてプリントアウト、そこからため息の出るような美しい字で、バカ丁寧に書いている人を見かけます。もう一度言います。要録なんて誰も見ません。春休みには、そこではなく、新年度のための準備に時間は投下されるべきです。他にも年度初めに作るさまざまな書類もここに分類されます。

A領域　完成思考ゾーン　ここにこそ力を注ぐ！

本質的重要度の高い仕事が存在する領域です。そして、当然ながらデキも高くあるべき仕事だけが、存在することを許される神聖なるエリアです。

簡単に、この領域にクダラナイ仕事を立ち入らせてはいけません。それは良い仕事をするために必要な条件です。ここの仕事は**質を伴う完成思考**でマトリクス右上へ位置させなければなりません。

ここに入るのは間違いなく、**学力向上と学級経営**です。これらは互いに好影響を及ぼし合い、相乗効果を生みます。逆に、どちらかが崩れると、連鎖的にその相方も崩れていきます。学級崩壊を引き起こすと、教育の生産性はゼロもしくはマイナスになります。それだけは避けなければなりません。

ただし、もう一歩踏み込んで考える必要があります。それは、授業は自分が気持ち良くなるためにするのではなく、子どもの正の変化を引き出すためにするものだということです。膨大な時間をかけてデザインされた授業。果たして、それは本当に子どもたちのことを思ってなのか。それとも自分のためなのか。その視点は常々持ち続ける必要があります。

そしてもう1つ大切なA領域の仕事。それが**横の仕事**です。

横の仕事＝投下した時間・エネルギーが横展開していき、加速度的な成果が表れる仕事のことです。

校内の他の教師や、自治体内の他校へと影響を及ぼし、また、子どもたちへと成果が伝播していく仕事です。

言い換えると、**組織の生産性を上げる仕事**ともいえます。

業務カイゼン　組織の生産性を上げる

横仕事の代表格は「**業務カイゼン**」です。行事等におけるムダを洗い出し、より合理的な形へとカイゼンして教師の負担を軽減し、時間を生み出すことは非常に重要なミッションです。忙しいがゆえに、前年踏襲を繰り返す風潮が多いですが、ここは時間をかける価値のある仕事であると考えます。業務のムダを見つけてカイゼンし、効率化を進めて、時間を生み、そしてそれを子どもたちへと還元することは大切です。

しかし、なかなか無駄な業務が効率化されないのも、また事実です。やはり「タイヘンだから」という漠然とした感情論で議論してもなかなかカイゼンはされません。

そこで「何がタイヘンなのか？」を細かく砕いて、タイヘンの本質を見抜けば、カイゼンへの具体的なアプローチが見えてくることがあります。それを見定めカイゼンしていきましょう。

体育主任として実際に取り組んだマラソン大会の業務カイゼンを例に、そのための具体的なアプローチについて考えます。

無駄な仕事は根元からぶった斬る

「マラソン大会の業務改善」から階層を経ながら、最終的に「何がタイヘン」なのかのツリーを組んで可視化します。

カイゼンツリー

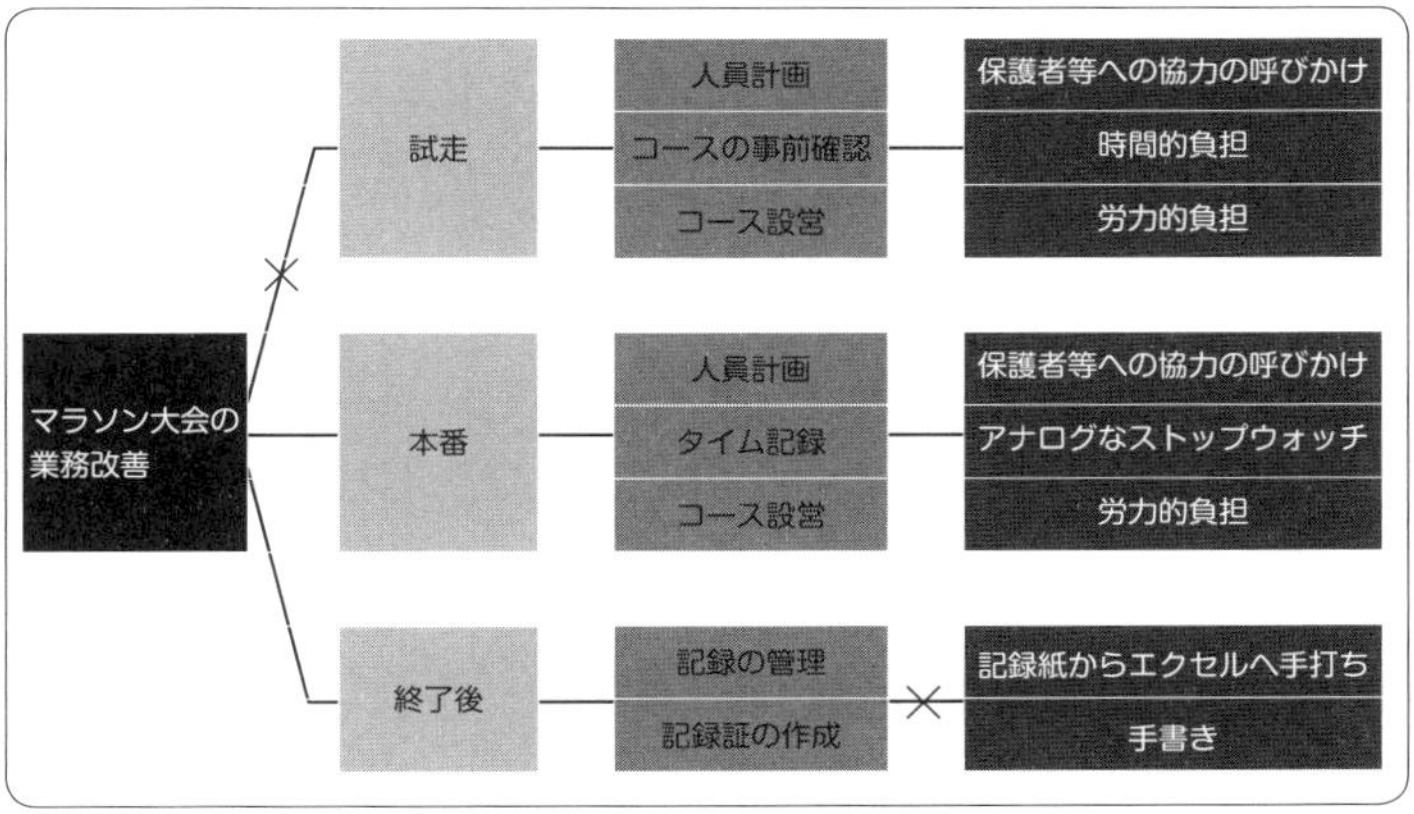

そして、ムダな仕事にメスを入れていく。メスというよりかは、むしろ斧を。細かい枝葉よりも、できるだけ幹に近いところを斧で切り倒す。これがカイゼンに必要な思考です。

カイゼンのために実行したこと

1　次年度からの試走を廃止

理由は、投下するエネルギーの割に成果が小さかったからです。また、Googleマップを活用（スクリーンショットをPowerPointに貼り付ける）すれば「コースを知る」という試走の目的の1つは達成できるという理由も大きかったです。

2　手書き記録証から印刷へ

昨年度まではスーパーストップウオッチから印刷される記録紙に印字されたタイムを、手書きで写し変え、それをさらに手書きで記録証に名前とタイムを書き込むというアナログ方式でした。

しかし、手書きは時間がかかる。全てExcelに打ち込んで、それを一気に印刷できれば早い！　けれど全校児童分の名前とタイムが記入されたものを印刷するのって、結構タイヘン。そこで頑張ってExcelのマクロを勉強しました。

マクロとは、簡単にいうと指定した作業を自動的にやってくれるシステムです。勉強のためにかなり時間を投下しましたが、結果的にチームとしての生産性は高まりました。今まで各担任がやっていた手書きの仕事が全てゼロになったわけですから。

また、ここで自分が得たスキルはさまざまなことに転用でき、圧倒的に横展開させていくことができます。今後、勤務市町村における駅伝大会や陸上交歓記録会においても同じ方法を使い、効率化を図っていく予定です。

ただ「タイヘンだから」ではなかなか変わりません。タイヘンをツリーにして可視化し、「なぜ？　これをなくすべきなのか」をロジカルに突き詰めていけば、周りを納得させることができます。

そして、タイヘンの木の根元近くをぶった斬ることが理想です。

生産性は金で買える

学校備品を発注するシーズンは、基本的に春だと思います。実は、これは横の仕事のうちの1つなのです。この忙しい時期に存在する仕事が備品発注です。担当分掌に関連する備品をカタログから選んで資料に書き込み、管理職に依頼するという形がベーシックな流れかと思います。

この仕事は、非常に重要です。なぜなら、備品1つで仕事の生産性は爆発的に向上することがあるからです。

その一例として、体育主任として発注したグラウンドブラシライナーというものが挙げられます。これは野球のグラウンドを整備する、いわゆるトンボに1m感覚で5つ小さなブラシがついているものです。これが優れもので、徒競走のコースの下書きが1回でできるのです。また、これを転用して体力テストのソフトボール投げのコートを作る作業も普段より数倍早く終えることができました。

このように、イノベーションを起こすアイテムが、カタログにはたくさん存在しています。

また、少しガタがきていると感じた備品を新しくすることも大切です。たとえばラインカー。パウダーの出が悪かったり、タイヤの回転がスムーズじゃなかったりと、ラインを引く際に無駄な作業が生じていました。そこで新しいラインカーを発注して使ったところ、もう感動的なぐらいラインが引きやすくなっていたのです。パウダーは途切れることなく非常に綺麗に出てくるし、タイヤが大径化され安定性が段違いにアップしていました。各メーカーが年々改良しているので、性能はどんどん上がっています。

「まだ使えるしいいか」ではなく、思い切って買い換えることで、時間という資源を浪費せずにすむようになるのです。

仕事を消し去る

次のうち、より仕事ができる人は、どちらでしょうか。

Ａ　たくさんの仕事を抱えて、片っぱしから根性でこなしていく人。
Ｂ　たくさんの仕事の中で、成果を生まない仕事を消し去る人。

僕は、後者だと思います。目の前の仕事をひたすらこなす人よりも、成果を生まない仕事を消し去る人のほうが、仕事ができる人なのです。

仕事はこなすことが目的ではなく、成果を生むことが目的です。もし、成果を生まない仕事があるのならば、消し去ることが最も合理的な選択肢といえます。成果を生まないのに、いたずらに時間を奪い続ける仕事は存在すべきではありません。

その好例として、僕の勤務校の事務の先生の仕事を挙げます。宝塚の大ファンである事務職員Sさん。彼女は長年続いてきた、諸費の現金徴収というシステムを消し去り、口座振替にしてくれました。グッジョブSさん。

考えてみましょう。毎月担任が千円やら二千円やらを一人ひとりから集め、それをペラペラ1枚1枚数えるというこの仕事。子どもへは何ももたらしません。こういう仕事こそ積極的に消し去るべきなのです。特に僕は手がカッサカサなので数えるのも一苦労だったんです。

また、学級レベルでも消し去るべき仕事は多く存在しています。

ある朝、NHKの「おはようニッポン」という番組で、教員の働き方改革の特集がありました。

そこで、とある小学校での取り組みが紹介されていました。その学校では、教員の負担を軽減するために、学校サポーター的な制度を導入し、作業的なタスクを支援するシステムになっていました。そのサポーターさんがされていた仕事は、教室後方の壁面に掲示されている習字を1枚1枚水のりで貼り付けるというものでした。

しかし、この仕事は人を雇って、時間を使ってする必要のあるものなのでしょうか。習字フォルダを備品で購入し廊下等、子どもの届く位置にセットしておけば、翌朝、子どもたちが自分たちで入れることができます。そうすれば、そもそも人・時間というリソース投下がゼロで済むはずです。

これは、いかに早くタスクを処理するかを考える以前に、消し去ることができた仕事なのです。タスクを処理している際、「もっと、こう……あるだろう?」という苛立ちと疑問を持った時はカイゼンのチャンスです。

カイゼンのチャンスを見つけたら、まずは「消し去る」という選択肢を取れないかを考えることが大切です。木を切り倒すのに、枝葉を落としてから、幹を切る必要はないのです。

また最近では自治体によってプール清掃や体力テストのデータ作成等の業務を外注する例も見られます。外注という選択肢を視野に入れることも、これからは必要になってくるでしょう。

歩むべきは、さるの道

Yahoo!の安宅和人氏の著書『イシューからはじめよ』では、一心不乱に仕事をこなして仕事の質を上げようとすることを「犬の道」と揶揄しています。（由来はおそらく「犬も歩けば棒に当たる」）

全ての仕事の質を上げてマトリクスの上部に位置させようと思うと、膨大な時間を必要とします。時間と体力の有限性を考えると、その達成は不可能です。

「さるの道」を歩こう

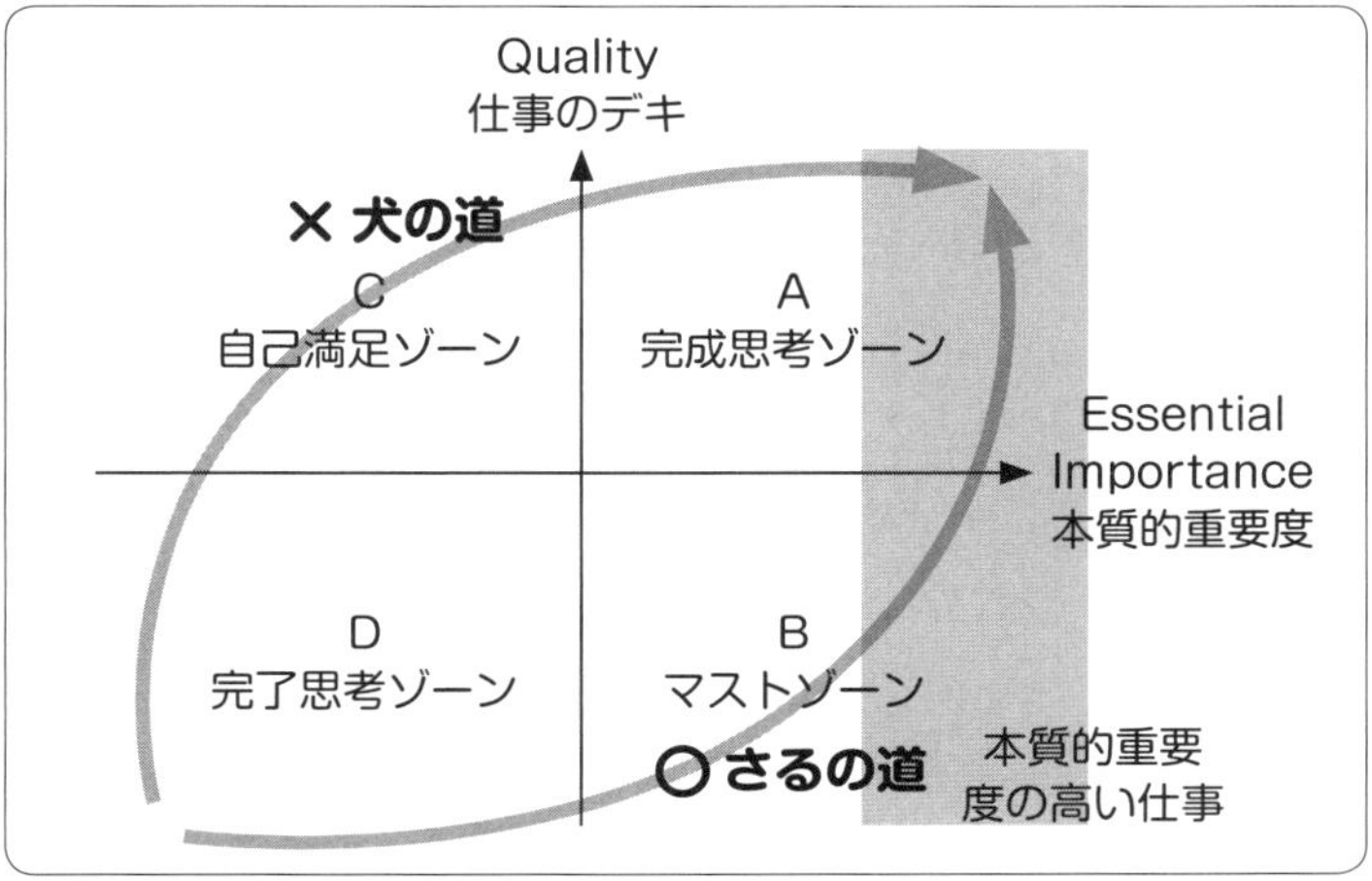

だからこそ、前頁の図のような矢印上に仕事を配置するイメージを持ち、適切に時間とエネルギーを投下していき、成果を上げていくべきなのです。

これこそが生産性を上げて5時に帰るための「さるの道」。

「歩んではいけない犬の道」に対して「歩むべきは、さるの道」犬と猿は犬猿の仲。働き方においては、猿に軍配が上がるのです。

この本で、一番大事なことを、ここで書きます。

本質的重要度の高い仕事を選ぶことを選び、そこへ時間・エネルギーを集中投下し、最小エネルギーでの最大成果を発揮する最適解を導き出すこと。

この思考を持つことにより、量に依存する働き方からの脱却ができるのです。

3章

まずは自分の生産性を上げよう！

内なる働き方改革とは、すなわち自らの生産性を上げることです。働き方は外的影響に大きく左右されるものの、自らの生産性を上げることでクリアできる問題も多々あります。

ここからは、そのための具体的な方法について考えたいと思います。しかし、紙幅の関係で、あまり多くのことをここで書くことはできません。だからこそ、前提としてご理解いただきたいことがあります。

それは、**方法を知って実行するという表面的な読み方をするのではなく、本質を掴み取って、他のさまざまな仕事へと転用することで効率化が図れる**ということです。

ぜひ、それぞれの現場で効率化を進め、それを広めていってほしいと思います。

無理だという決めつけとサヨナラしよう

ここで、ロジャー・バニスターという、イギリスの陸上選手を紹介します。バニスターは1952年のヘルシンキオリンピックにおける1500m走で、メダルには惜しくも届かず、４位という結果に終わりました。

しかし、バニスターは全世界へ向かい、こう宣言しました。

「１マイル４分を切る」

当時の陸上界では、１マイル４分の壁を越えることは不可能だということが常識となっており、それはエベレスト登頂や南極点到達よりも難しいとされていたそうです。

そして１９５４年、バニスターは見事にその壁を破る３分59秒４という世界記録を樹立したのです。


ところがどっこい、この話の本題はここから。その年、バニスターに続いて４分の壁を破った選手が、なんと23人も現れたのです。そして、その翌年以降は、もはや数え切れない人数の選手がその壁を破りました。

「無理だ」という思い込みが、足枷となっていたのは火を見るよりも明らかです。

「定時退勤、そんなの絶対無理に決まっている」という思い込みを投げ捨て、チャレンジしていきましょう。そのチャレンジを始めないことには、壁を越えることはできません。

トヨタ式を学校に

一番手取り早く、自分の生産性を上げるためにできることは、整理整頓です。片付ければ片付けるほど、生産性は上がります。学校の整理整頓って、正直かなりテキトーなところがあります。でも、それって言い換えると『カイゼン』の余地が無限にあるということでもあります。ここは企業の手法に倣うべきところです。世界的企業である、トヨタの片付けのマインドを学校に持ち込みましょう。

ところでなぜ整理整頓をする必要があるのでしょうか。僕は昔、片付けが大の苦手で、職員室のデスクも教室もクッシャクシャでした。

その当時は「アレがない……コレがない……」とモノを探すことに多くの時間を割いている状態でした。モノを探している時間は何も生みません。片付けは雑務ではなく、仕事そのものです。時間は希少資源。それを無駄にしないために、**整理整頓は本質的重要度の高い仕事**の1つなのです。

効率化とは、主作業の比率を最大化すること

トヨタでは、人の動きを4つに分けてムダを見つけます。その4つとは「**主作業**」「**付随作業**」「**準備・後始末作業**」「**ムダ・例外作業**」です。これらを、学校の現場のテスト採点に置き換えて、考えてみたいと思います。

主作業とは、価値を生み出す作業です。すなわち、テストの正誤を判断し、丸やバツをつけることです。また、点数を補助簿等に記録することもこれにあたります。

次に付随作業です。付随作業とは、必要な作業ではあるものの、直接的な価値を生まないものです。机の上で、テスト用紙を裏返したり、移動させたりする作業がこれにあたります。

そして準備・後始末作業。作業しやすいように教卓を整えたり、テストの解答や補

助簿を用意することが挙げられます。

最後に厄介者の、ムダ・例外作業。「あれっ？　赤ペンどこいった？」ゴソゴソゴソゴソとモノを探す時間がこれにあたります。

結論をいうと、効率化を図るということは、**主作業の比率を最大化する**ことです。作業全体のスピードが速いと、一見仕事が早いように見えます。しかし、付随作業等と主作業の総計が仕事時間になるので、トータルでは仕事が早くないという現象はよく見られます。要するに、付随作業等の比率が高く、頑張っている割に成果が生まれてこない状態。これが、**空回りの正体**です。

効率化へのポイントは、主作業の比率を上げること。そのためには整理整頓が必要不可欠です。モノが散らかった机は、主作業の比率を恐ろしく下げていきます。モノをどける、探すといった付随作業がタスクにジャンジャン追加されていくからです。

では、整理整頓について、さらに掘り下げていきたいと思います。

整理とは
「いるもの」と「いらないもの」を分け、「いらないもの」を捨てること。

その基準をすごく厳しくすることがポイントです。経験上「いるかも」は9割「いらない」。

「いつか使うかも」とは決別しなければいけません。モノを持つことは、整理整頓というコストを背負うことと同義。今、流行のミニマリストの文脈とも通じます。モノは少ないほどクールだという感覚を持ちたいものです。

整頓とは

「必要なもの」を「必要なとき」に「必要なだけ」取り出せるようにすること。過剰なモノがあると「探すムダ」が生まれます。

学校の5S（整理・整頓・清掃・清潔・仕組み）を実装しよう

トヨタでは5Sという言葉が使われます。現在では、トヨタ以外の生産現場においても、当たり前のように使われるワードとなっています。5Sとは、整理・整頓・清掃・清潔・仕組み（しつけ）の頭文字を取ったものです。

これは、学校でも実行すべき価値のあるものです。なぜなら、学校現場において、こういった概念は皆無で、未開拓であるといえるからです。チームとしての生産性を上げる学校の5S。ぜひ、実行に移してみてください。

たとえば、共用スペースの整理や仕組み作り、レイアウト変更による動線のカイゼンなどが挙げられます。

ある年の冬休み明け、短縮期間中のゆとり時間を使い、同僚2人とプリント棚の整理・整頓をしました。棚に雑然と置いてあった8割のモノ（ゴミ）を捨てました。いらないものを捨て（整理）、紙、ラミネートを種類ごとに並べ（整頓）、紙の保管、発注のルールを決めました（仕組み）。

これにより、今までは「探す」「どける」「別室に補充しに行く」といった付随作業が多かったのですが、カイゼン後はそれらの無駄な作業が一掃されました。

また、在庫を切らせたので、急いで発注するイレギュラーを防ぐことにも繋がってきます。

併せて、ゴミ箱のレイアウトも変更して動線を減らす工夫もしました。裁断機の近くにゴミ箱がなかったために、わざわざ出たゴミを数m離れたゴミ箱へ捨てにいくという無駄があったのですが、その点がカイゼンされました。毎日のことなので、動線を意識したレイアウトは非常に大切な要素なのです。

３人の職員が1時間のエネルギーを投下しましたが、これは職員全体の今後の勤務時間の圧縮に間違いなく寄与します。元はすぐ取れます。

「今は忙しいから、また今度やろう」

これでは絶対やりません。

このままではいつまで経っても、チームの生産性は上がってきません。時間をどこに投資すれば、自分やチームに還元されるかを考えて、動くべき局面もあるはずです。

「時間が惜しい」

これは、日本中全ての教員の切実な願いだと思います。しかし、目先のことばかりに時間を使っていても、チームの生産性はいつまで経っても上がってきません。

現場では、自分のことに手いっぱいで、そういったところに時間を割けないというのが現状だと思います。しかし、「チームの生産性を上げるために、時間を未来に投資する」という視点で、行動に移すことが大切です。これも、確実なリターンが期待できるA領域の仕事だといえます。

意識高い系主婦に学ぶ色別収納法

これはツイッターで発信したところ多くの反響を受け、真似する先生が続出したお手軽メソッドです。教卓の中って、どうしても雑多な文具等で散らかりがちです。

やり方はとってもシンプル。**文具を赤系・青系・黒系に分けて収納する**だけです。こうすることにより、使ったものを直感的に机の中へと戻すことができます。

また、同じ機能のものを複数個持たないというルールも大切にしたいです。モノが多ければ多いほど「探す」というコストがかかるためです。

4月にはりきって物の置き場をキチッと決めても、5月頃にはもはや無法地帯と化すのがデフォルトではないでしょうか。少なくとも僕はそうでした。置き場所をふんわりと決めれば持続しやすくなります。

ちなみに、このメソッドの先行実践は、意識高い系の主婦の方たちです。アンテナはあちこちに張っておいて損はありません。そこで使えると思う情報をサッと拾い上げて、編集する軽やかなマインドを持つことは大切です。

とっ散らかったパソコンは生産性向上の大敵！

現実世界の机と同じく、基本的にパソコンのデスクトップ上のアイコンやフォルダーは最小限に留めるべきです。

オススメの方法はこうです。

デスクトップの左端に良く使うファイルを、右端にはよく使うサーバーのフォルダへのショートカットを置く。

こうすることでファイルを探す時間と、サーバーの深い階層へのアクセス時間を削減することができます。

主作業はお目当てのファイルを開くこと。
付随作業はお目当てのファイルを探すこと。

探す時間は何も生みません。

よくデスクトップにファイルやアイコンが無数に散らばっている人を見かけます。そんな状態では、間違いなく「探す」という作業が毎回必要となるので、常態的に時間をロスすることになります。

「紙々との戦い」を制す者が学校を制す

学校現場は、言わば「紙との戦い」です。
怒涛のように押し寄せる紙、紙、紙。紙々を手懐けられるようになると、生産性が上がってきます。トヨタのルールにこんなものがあります。

「書類は10秒以内に出せるようにしておけ！」

これがなかなか実現できていないのが学校現場だと思います。とにかく紙ベースの資料が大量に生み出される毎日。そんな中で、適切に紙をマネジメントしていかないと、すぐに紙に埋もれてしまいます。そうならないために、すべきことはこれです。

「紙の流れを決めること」

紙々との戦いを制す者が学校を制するのです。

紙々との戦い① 職員室のデスク編

子どもたちを帰して、職員室に戻ってくると、大体机の上には何枚か紙が乗っていますよね。まずはコイツらを瞬殺。不要なものは足元の古紙用のＢ４のカゴにダイレクトシュート。経験上、９割はゴミです。

そして残しておく必要のある紙は、メインのクリアブックへ。よく学校から無料で配布される二穴パンチのファイルがありますが、あれは避けたほうがいいです。パンチ穴を開ける、綴じるといった付随作業が発生するためです。また、資料の頭出しが非常に遅くなることもネックです。

クリアブックの選び方ですが、１００円均一ショップの安モンはダメです。質が悪いのですぐにクリアファイル部分がフッニャフニャのヘッニャヘニャになります。60ページで５００円位のモノがオススメです。

そして必ずインデックスを付ける。その際、オススメなのが**「アクティブ」**という欄を複数ページ分設けることです。

これは、3日以内で直ぐに提出しないといけないけれども、瞬間的にできないものや、家庭訪問の個票といった近日中に配布する物を入れておくページです。

毎日そこをチェックする習慣をつけておけば、やり忘れや配布忘れを防ぐことができます。

また、大切だけど、あまり気づかれていないこと。

それは**「紙と紙を重ねないこと」**。

重ねてしまうと、ペラペラめくって探す手間が起こるし、誤って捨ててしまったり、他のものと混じってしまったりするリスクが生じます。そうならないためにも、常々紙の収納の流れを決めて、振り分けられるシステムにしておくことが大切です。

紙々との戦い② 教室編

教室においても紙々との戦いは絶えません。まずは大量の教材プリントのストック。プリント棚に教科やジャンルごとにクラフトシールを貼ってエリア分けします。また、音読カードやらをストックするための、Ａ４のファイルボックスを置いています。ホームセンターで１個９８０円とかで売ってます。クリアブックと同じく、インデックスを貼ります。また、ここでもアクティブの引き出しを作っておきます。そして、ここに期間限定系の紙類を入れる。これがあることで住所不定の紙を落ち着かせることができます。期間が過ぎたらポイーッでオッケー。

また、配って余った紙類は給食台の中の段ボール箱にこれまたダイレクトシュート。配り係が入れるという仕組みにするとなお良いですね。

紙々との戦い③　掲示物編

意外と時間を食うのが、紙ベースの作品掲示ではないでしょうか。そもそも無駄の多い作業のスピードを上げても、成果は上がってきません。作業のモグラ叩きをするのではなく、モグラ叩きの電源を落とすことを先にすべきです。

習字の掲示であれば、習字ホルダーを廊下等の壁面に常設します。そうしておけば、翌朝、子どもたちが自分たちで作品を習字ホルダーに入れておくという仕組みを構築することができます。

また、国語等で取り組んだものを掲示することもよくあると思います。この場合も、1枚1枚画鋲で壁面にしている教室をよく見かけますが、これは極めて非効率です。

そもそも、**画鋲はオワコン**です。1枚の掲示に4箇所刺さないといけないし、そのためには前の作品の画鋲を抜く必要もあります。付随作業のオンパレードです。さらにポロっと取れた画鋲を子どもが踏んだりしたら大変です。

それよりも、Ａ４の掲示用クリアファイルを壁面に常設するほうが圧倒的に効率的です。それに名簿番号を書いておけば、子どもたちが自分でクリアファイルに入れることができます。

そして、図工の絵画作品。これも定期的に入れ替えるパターンが多いと思いますが、やはり画鋲はＮＧです。

これは教室の構造にもよりますが、僕の場合は壁面最上部に透明の養生テープを貼り、そこにツーダンクリップをつけておきます。そうすることで、画鋲を一切使わずに絵画作品を掲示できるようになります。教師はロッカー台の上へ行き、子どもたちに指定の枚数でツーダンクリップで連結させた絵を持ってきてもらえば、すぐに掲示することができます。図工の鑑賞を授業の前半で終わらせ、後半に掲示作業をすれば授業内で全てを完結させることができます。

このように、教室内の掲示物を全てシステム化することで、時間のかかる掲示作業をゼロにすることができます。

紙々との戦い④　ワークシート編

よく、活動の度にワークシートを作る先生がいます。何なら可愛いイラストも添えて。しかし、本当にワークシートを1枚1枚ワンオフ制作する必要はあるのでしょうか。答えはノーだと思います。

僕は基本的にＡ４サイズの２種類のワークシートを用意し、年間通じてそれをフル活用します。

Ａタイプは文字欄だけのタイプ。Ｂタイプは上半分が絵の欄、下半分が文字の欄のタイプです。この２種類さえあれば、ほとんどの活動シーンをカバーできます。

国語や道徳等で文章を書かせる場合にはＡタイプを使います。また、グループ活動での話し合い活動の記録等もこれでカバーできます。

理科や生活科での観察、図工科での立体作品の計画等の場合にはＢタイプを使います。その他グラフィカルな活動全般はこれでカバーできます。

このように、とことん汎用性を効かせるマインドは重要です。毎時間毎時間ワークシートを作成することは、自身の時間を浪費するばかりか、子どもたちの自立をも遅らせることになるかもしれません。穴うめワークシートは子どもたちのクリエイティビティを殺します。

紙々との戦い⑤　オススメアイテム編

オススメのアイテムがあります。それはpencoというメーカーのクリップボード。これはスタイリッシュな薄型のデザインで見ためがオシャレな上に機能性も高いので重宝しています。ちなみに僕は2つ持っていて、以下の方法で活用しています。

1つめは、バインダーとして使うためのものです。一般的なバインダーは上部のクリップでカチッと紙を固定するだけなので、紙に書かれた内容が丸見えになったり、風に煽られてクシャクシャになったりします。最悪の場合飛んでいって個人情報流出という事態にもなりかねません。しかし、このクリップボードは蓋がついていてパタッと閉じられるので紙を保護することができます。

２つめは、アクティブ行事用です。これは学校現場あるあるだと感じるのですが、たとえば運動会等の行事の際、画用紙にプリントを1枚1枚のりで絵本貼りをしたりしませんか。あの方法は付随作業の巣窟で、絶対避けるべきだと感じます。その代わりに、このクリップボードで紙をどんどん挟んでいけば無駄が省ける上、スタイリッシュになります。僕の場合、体育主任として運動会の運営をする際、かなりの枚数の資料を持つことになりますが、これにまとめておけば楽チンです。そして運動会が終わったら、必要な資料だけ体育部用のクリアブックに入れ替えればオッケー。そして、次はマラソン大会の資料を挟んでいくというように、常に最新の行事の資料をまとめておくようにすると便利です。

テスト最強メソッド　45分で全てを終わらせる！

学期末になると怒涛のように押し寄せるテスト、テスト、テスト……。

もちろんテストをやらせて終わりではなく、「テスト→採点→返却→直し」という1サイクルを回さなければなりません。しかも、放課後には成績処理もしたいので、できればテストの束を職員室に持って戻りたくはないというのが本音です。

そこで「45分という授業の中で全てを完結させることはできないか？」という仮説を基に、試行錯誤をするうちに可能であることが実証できました。しかし、このテスト最強メソッドは実施するテストの内容や児童数、クラスの学力等の影響を大きく受けますので、一概に可能であるとは言い切れないので、その点はご理解ください。

1 テスト

机をテスト隊形にし、準備が整ったらテストのスタート！

この際、教師がやっておくべきことは、作業しやすいように教卓を整えることです。A3サイズのカラーテストは面積が大きいので、それなりに戦略的に机の上のレイアウトをシステム化しておかないと、先述した通り付随作業が発生し、効率低下を招きます。テストの答え、採点中のテスト、採点済みのテスト、未採点のテスト、得点記録用のファイルを置くと、一般的なデスクのサイズではキャパオーバーになります。そこで僕は引き出しを一段開けておき、そこに採点済みのテストを置くようにしています。自分なりのルールを作って、毎回ルール通りに作業をすることを心がけています。**作業はルーティン化することで高速化されます。**

子どもたちには、提出は表を向けて教卓の右隅に合わせて置くというルールを伝えています。右利きの場合は、机の左のゾーンを使って採点をするので、それがベターだと思います。

テストが出来て見直しをした子から持ってこさせます。ちなみに、見直しをしたというサインに、問題番号に鉛筆で黒丸をつけさせることをしています。これが意外と効果大。もし、極端なイージーミスや問題のやり忘れがあった際には、個別で注意をすることができます。別に厳しく叱る必要はありませんが、「これ見直しマーク入っているけど、本当にした？」って全員に聞こえるようにたずねるだけで大丈夫です。これによって形だけの見直しサインはダメだという認識が広がっていきます。

得点率を上げることは効率化へと直結します。そのために見直しをさせる指導をするのは、価値のある投資だといえます。そして、当たり前のことですが、良い点数を取ることは子どもの自己肯定感にも繋がります。

2 採点

丸付け界王拳

1人めの子が提出したら、いざ採点スタート！　丸は基本的にはつけません。正解は『・』、間違った箇所は『✓』。そして100点だったら大きく赤丸をつけます。これには教師にとっての「時短」、子どもにとっての「見やすい」というメリットが双方にあります。これがツイッターで動画が2万回以上再生されるなど話題を呼んだ、丸付け界王拳です。

なお、右利きの場合、問題順を問わず、左から採点していくと、自分の手で問題が隠れないので、より速くなります。特に漢字50問テスト等、問題数が多い場合に有効です。

得点速記法

次に、技能や思考といった観点ごとに得点を記録していきます。その際、満点の子は『―』と記録します。また、40点の場合は『4』、35点の場合は『3・』と記録する。このように、**0と5を書く回数を減らす**と転記の時間も短縮されます。チリも積もれば何とやらです。細かなカイゼンの積み重ねは徐々にジャブのように効いてきます。

3　返却

最後の1人の採点が終わったら返却に移ります。ただし、どうしても解説がいる問題があれば、少しだけその時間を取ります。記憶が新し

得点速記法

0と5を省いて転記スピードアップ

氏名	たし算	実際の得点
さかもと	⑤	5
さとう	−	50
すずき	48	48
たなか	4・	45
やまだ	4	40
やまもと	3・	35

①満点の場合は　−　(50点満点)
②0は省略
③5は・
④1桁得点の場合は○で囲む

いので、解説の効果も非常に高くなります。

4 直し

なかなか自力で全て直すことが出来ない子も、やっぱりいますよね。満点で直しがない子には、そういった子のフォローに回ってもらいます。そして、教え手に回ってくれた子どもには最大限の感謝を伝えます。「本当にありがとう！　助かりました！」

テストをして、すぐに直すことで学びのアウトプットは最大化されます。また、その場で全て終わらせることにより、教師の時間的余裕も生まれます。まさしくWin-Win。子どものいる時間に全てを終わらせると、成績処理の時間を放課後に取ることが出来るようになります。

すると、忙しい忙しいといわれる成績処理シーズンにも、定時退勤をすることが可能となってくるのです。

丸つけの生産性を極限まで高める

これには地域差があるかもしれませんが、僕の勤務地ではワーク等で間違った箇所に付箋を貼る方法がスタンダードです。そして、その付箋の箇所を見て、子どもは直しをします。

しかし、付箋がいっぱいたまってしまい、ワークの上からたくさん飛び出ている状態のものをよく目にします。これを「ポテトフライ」と僕は表現します。

こうなってしまうと、丸付けの際の付随作業が爆発的に膨れ上がってしまいます。ワークのページをめくる、答えのページをめくる、付箋をはがすといった具合に。さらに、ここにはもう1つ大きな付随作業が潜んでいます。

それは「目線移動」

間違いが複数ページにまたがると、目線があちこちへ向かざるを得なくなり、主作業が止まる時間が長くなります。

これが、もし全員が付箋ゼロの状態なら、付随作業は一気に圧縮され、丸付けがスムーズに流れます。

とはいうものの、クラスに勉強が苦手な子がいないといったことはあり得ません。そこで、付箋をためさせないためのポイントをいくつか紹介します。

付箋をためさせないためには、子どもに**十分な時間を確保すること、そして教師自身の丸付けスピードを最大化させること**が重要です。

1　苦手な子の宿題から丸付けを

朝一に丸付けをすることは多いと思います。ここでのポイントは、勉強が苦手な子の宿題から丸をつけること。そうすることにより､個別で直す時間が取れます。また、教師がマンツーマンで教えたり、友だちのフォローを得たりしながら課題をクリアできる可能性が大いに高まります。

2　複数ページにまたがった課題を出さない

課題が複数ページにまたがると、めくるという付随作業が混じるため、採点スピードが落ちます。また、単純に課題の量が多いと、時間不足になることもあり得ます。すると、付箋がたまる状況へと陥りやすくなります。

3　教科書の課題（適応題）を時間制に

算数の一斉授業における授業の流れとして、中盤で教科書の適応題をさせるパターンが多いと思います。「大問2の①～⑩をやりましょう」といった具合です。これが、全員同じ量の課題をこなす**定量制**。

しかし、子どもが問題を解くスピードに開きがあるのは当然のこと。そこで、有効な手段が「5分で大問2の①～⑩をやりましょう」という**時間制**。5分経って終わらなかった子はそこまででオッケー。答えを赤で写させます。みんなが次の課題に進んでいるのに、前の課題を引きずったままだと焦りを生みます。

適応題を全てやらないといけないというルールは存在しません。学年や学校で、そのルールを勝手に作っている場合は別ですが、少なくとも教科書会社は教科書をデザインする際、適応題を全て解くことをマストとはしていません。

最適解思考を持ち、「全部やらせたほうが学力は上がるかもしれない。けれど、ここは割り切ってワークを終わらせることによってモチベーションを失わせないようにしよう」と、考える局面ではないでしょうか。

なお、その制限時間内で教室中を机間指導して、子どもたちの習熟状況を確認することは重要です。

4　丸付けを自分たちでやらせる

これは子どもたちを信用する必要があります。そのためには、子どもたちにしっかりと話をしておかないといけません。どんな言葉かけをするかは読者の先生次第ですが、僕は信用を前提とした野菜の無人販売の例を出します。

課題の答えを教室前方の台に置いておき、子どもたちに自分で丸付けをさせます。そして、直しまで終わったら、そのまま提出させ、教師も念のためサラッと目を通します。

丸付けを自席ではなく、パブリックな場でやらせることと、教師の最終チェックの存在により、ズルをしようとする子の気持ちにブレーキをかけることができます。ただ、教師のチェックはほとんど形だけです。習熟が目的でプリントを４枚やらせるような時に有効です。また、自習の時間にも使える方法です。

5　チャイム5分前に問題を解くことを終了する

習熟の授業において、授業終了のチャイムを終了のホイッスルにしてはいけません。そうでないと、終わっていない中途半端なプリントが多発し、後は家とか休み時間にやろうとなります。できる子は良いですが、できない子からすればこれは非常に苦しくなります。

そして子どもたちにとって、最も大切な時間である休み時間が奪われます。また、学校で終わらせきれない子が家で自力でできるはずがありません。

途中であってもチャイム５分前に丸付けをし、終わりきらなかった箇所は赤でスラッシュを入れてあげます。それ以外のところは、直しまでやらせます。

そうすれば、未消化の問題が残ることを大幅に減らすことができます。

子どものやる気にブレーキをかけるな

人は、モチベーションで動く生き物です。付箋だらけになったワークを見て、モチベーションを失うのは普通のことです。さらに、そのことを責め立てられたら、モチベーションはさらに下がっていき、負のスパイラルへと突入します。

そうならないためにも、先述のように仕組みを変えることは大切であると感じます。課題がたまる子どもを責めるのではなく、その仕組みを責めるべきなのです。

ティーチャーであると同時に、子どもたちのやる気を引き出す**モチベーター**でもありたいものですね。

辞書登録で、校務パソコンをもっとカシコく！

普段何気なく使っている学校パソコン。しかし、そのまま使っていると、ある無駄が生じます。それは文字変換。学校特有の言葉は無数に存在するため、いちいち適切な漢字にするために1文字ずつ変換するという経験は、誰にもあるはずです。

たとえば、指導案を1つ書くだけでも、「本時、前時、次時」等、小さな変換の壁に次々とぶつかります。「ぜんじ」と打ち込んで変換するも見つからず、結局「まえ」「とき」と打ち込むはめになります。

また「特支、生指、小体連」等、略語の多さも変換速度を低める要因だといえます。

PCの辞書登録例

単語	よみ
本時	ほんじ
前時	ぜんじ
次時	じじ
机間指導	きかんしどう
主体的・対話的で深い学び	しゅた
小教研	しょうきょうけん
総合的な学習の時間	そうごう
校時	こうじ
範読	はんどく
坂本良晶	なまえ

そして、ここはひらがなであるべきという暗黙の了解。「子供→子ども、足し算→たし算、引き算→ひき算」等が、それにあたります。

そういった無駄を省くために効果的なのが、辞書登録です。苦労して打ち込んだ「前時」を選択してショートカットキーCtrl+F7で辞書登録ができます。変換に苦労した単語に出くわす度に、このような手順で辞書登録していくと、だんだんとパソコンの変換速度が上がっていきます。

その際、頻出ワード（例：主体的・対話的で深い学び→しゅた）や固有名詞（例：坂本良晶→なまえ）は省略型で登録すると、より良いでしょう。

ショートカットキーを駆使しよう

ビジネス界では当たり前とされているショートカットキー。既に当たり前のように使っている方も多いと思いますが、学校現場ではその普及率はあまり高くないように感じます。

特に頻繁に使うショートカットキーは**コピー、ペースト、カット、元に戻す、やり直す**あたりです。いちいち右クリックでコマンドを選択して実行するという手間を省けるので、非常に便利です。

これらを知っているかどうかで、文書作成のスピードは大幅に変わってくるので、基本的なものだけでも覚えるべきです。

ショートカットキーの例

Ctrl ＋ C	…	コピー
Ctrl ＋ X	…	切り取り
Ctrl ＋ V	…	貼り付け
Ctrl ＋ Z	…	元に戻す
Ctrl ＋ Y	…	操作をやり直す
Ctrl ＋ S	…	上書き保存
F12	…	名前をつけて保存
Ctrl ＋ N	…	新規ファイル作成
Ctrl ＋ O	…	ファイルを開く
Ctrl ＋ W	…	ファイルを閉じる
alt ＋ F4	…	作業中のプログラム終了
Ctrl ＋ P	…	印刷する
Ctrl ＋ F2	…	印刷プレビューの表示
Ctrl ＋ F	…	検索
Ctrl ＋ H	…	置換
Ctrl ＋ A	…	ワークシート全体を選択
Ctrl ＋ マウスホイールの上下	…	画面の拡大・縮小

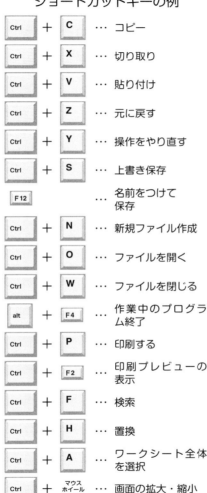

そうだ、赤ペンを持っていこう!

理科や生活科の授業で、外へ出て観察する活動の際、オススメするのは、赤ペンを持って外へ出ることです。そして、チャイムがなる10分前ぐらいを締め切りとします。

こうすることで、授業時間内で全員のワークシートをチェックして評価することができるようになります。

また上手に書けている子どものワークシートの情報を、周りの子どもにタイムリーにシェアすることもできます。誤字や表現の間違いも、その場で指摘し直させることができます。

このように、授業中に全てを終わらせようとすることで、放課後にチェックするよりも、圧倒的に生産性が上がります。

全てのことにおいて、この考えを持つことは大切です。**疑いはイノベーションの父。**

今まで、当たり前のように放課後にやっていたその仕事、子どもがいる時間にできませんか？

花丸するのはもうヤメにしよう

日本の教育に根付く文化、花丸。僕は、基本的にこの花丸をヤメました。なぜなら、一つひとつに時間がかかるからです。

その代わり、普通の丸の横に評価をつけるようにしています。

（例1：A、B、Cの3段階）

（例2：A+、A、B+、B、Cの5段階）

漢字の宿題を例に挙げると、個人内評価でとても綺麗だったらA、ふつうならB、ダメならCといったように、評価を明確にすることができます。それは子どものモチベーションへと繋げることができます。

花丸の場合、時間がかかる割に評価が曖昧という欠点があります。最上級の評価をするために、葉っぱ、茎を描いて、蝶々を飛ばすようなものを見ます。子どもはとても喜ぶでしょう。しかし、フィードバックを早くすることも大切です。何が正しいという絶対解はないと思いますが、時間がかかり過ぎるのは、持続可能性に欠けると感じます。

この章で扱った内容は、あくまでも一例にすぎません。真に大切なことは、本質を理解し、それぞれの職場でカイゼンのためのアクションを起こすことにあります。そのためには、過去を踏襲することが最適解であるという考えとまずは決別しましょう。それは固定観念を外すことからスタートします。

固定観念を捨てよ

スウェーデン出身のサッカー選手ズラタン・イブラヒモビッチをご存知でしょうか。メッシやロナウドに比べると知名度は落ちますが、世界的に有名な選手です。

優勝請負人といわれ、世界中のビッグクラブを渡り歩き、ことごとくリーグ優勝へと導いた仕事人です。

２００１年～２０１４年の14シーズンのうち、なんと12回もチームを優勝へと導きました。凄まじいまでの生産性です。

彼の中に存在しない言葉。それは固定観念です。イブラヒモビッチの生産性は固定観念を捨てさることから生まれます。

学校の生産性を低めているものの正体は、**固定観念**。そう断言します。

サッカーの醍醐味といえばゴールシーンだと思います。彼のスーパーゴール集をYouTubeで見ればおわかり頂けると思いますが、もうメチャクチャ。カンフーキックしたり後ろ回し蹴りしたり、エリア外からオーバーヘッドシュートを決めたりと、常識外のプレーのオンパレードです。

イブラヒモビッチは「ボールがゴールに入ればそれで良い」という本質だけを考え、プレーしています。入りやすい位置から、綺麗なフォームでなんて固定観念はありません。

教師の考え方って、入りやすい位置から、綺麗なフォームでシュートすることが大切であるといった手段ありきの固定観念に捉われがちだと思います。

いつしか、それが目的にすり替わっていることってありませんか。花丸や丸付け、そして学校におけるさまざまな行事。目的をもう一度考え直すことで、改善できることが、学校にはまだまだあるはずです。

体裁を整えることばかりに気を取られていては、大切な本質を見失うことになりかねません。イブラヒモビッチのように本質のみを追求することで、それぞれの現場で小さなイノベーションを起こすことに繋がるかもしれません。

4章

時間に追われるな！手懐けろ！タイムマネジメント術

学校現場では、地獄的に時間が不足しています。もはや、時間は希少資源になっているといっても過言ではありません。1日の勤務時間の中で、自分の仕事のために使える時間が1秒もないような日も、中にはあるでしょう。だからといって、5時以降の勤務時間外に依存するスタイルはナンセンスです。「実は私ターミネーターなんです」だなんて先生以外は、確実に心身の疲労が蓄積されていきます。そうなると必然的に生産性は下がっていきます。限られた人生の時間を、生産性が下がった状態で活動することは、正直勿体ないし非効率。限られた時間の中で、いかにたくさんの成果を絞り出すかが勝負です。時間に追われるのではなく、時間を手懐けるようにしていくべきなのです。

時間といっても捉え方により、さまざまな見方ができます。ここでは、短期的、中期的、長期的、そして潜在的な時間という観点からタイムマネジメントについてお話しします。

●短期的タイムマネジメント～45分のデザイン

ここでは45分という授業時間内の生産性をいかに高めるかという点にフォーカスします。

原則は45分で全てを終わらせるということです。よく、放課後に何十冊というワークの丸をつけている先生がいます。かく言う自分も、過去はそうでした。そもそも、授業時間ぎりぎりまで子どもたちに活動をさせて、丸付けは他の時間にするという前提が間違っているのです。そうではなく、教師の丸付けも含めて、45分でやりきるという意識を持つのです。

学級チームビルディングがカギ！

算数の授業を例に挙げます。こんなパターンってあるあるではないでしょうか。必死のパッチで（関西限定の表現です）一斉授業をして、「はい！　残り5分です！　ワークの32ページを……」なんていう声かけ。

教師のその指示を聞いた時の子どもたちの心の声に耳を傾けてみましょう。

学力上位層A君「フッ、まあ余裕やわ」

学力中位層B君「えっ！　たった5分で？　急いでやらないと！」

学力低位層C君「そんな無茶ブリしやがって！」

と、おそらくこんなところではないでしょうか。結局、時間内に丸付けまで終わる子はごく一部に留まり、ほとんどの子のワークは放課後に丸をつけることに。

では、なぜそんなことが起こるのでしょう。それは「私がちゃんと教えないと」という幻想です。そもそも、一斉授業というスタイルが有効なのは、学力中位に位置する子だけです。長ったらしい説明をしたところで、上位層の子は「はぁ、退屈やなぁ」、低位層の子は「はぁ、サッパリわかりまへんわ」と、こうなる。ましてや低位層の子は、自力で時間内にワークを終わらせることができないので、借金が積み重なる。付箋はマクドナルドのフライドポテトのようにワンサカとたまっていきます。それは著しく彼のモチベーションを削ぎます。

これは今日の授業の在り方の最適解とはとても思えません。それなら、思い切って一斉授業の時間を30分程度に抑え、15分を子どもたちの習熟の時間にあてたほうが、よっぽど生産性は高いはずです。

そもそも、学力上位とか、中位とか、低位とかって表現、何かイヤじゃないですか? そこで、僕はブログで新しい表現方法を提唱したところ、これが結構広まったのです。少しそれについて説明します。

『MOVE YOUR BUS』という、チームビルディングに関する有名な1冊があります。これはロン・クラークというアメリカの有名な校長先生が書いた本で、Twitterでも話題となりました。

この本のユニークなところは組織をバスに見立て、その動力を中の人たちの走力が担っている点にあります。みんなでアラレちゃんのように走るんです。キーーーーンッとね。シュールリアリズムを体現したその絵をここで載せると著作権に抵触するので、よかったら検索してみてください。

さて、本題に入ります。このバス（学級）を動かすエンジン（子ども）を、それぞれの特性から次の左記の4つにカテゴライズします。

ムーブユアバスの4層構造

高い能力を持つ子ども、なおかつクラスのミッションを理解し、他の子のフォローもしてくれるなど、とても頼りになる存在です。

ランナー

基本的に自分のことを自分のペースでやりきる力を持った子ども。この層にいる子を、できるだけランナー層へ引き上げることでクラスの力は高まっていきます。

ジョガー

能力的には低い部類に入る子ども。しかし、自分なりに一生懸命頑張ろうという気持ちを持っています。周りのフォローを受けながら、何とか最後までやりきる力を持っています。

ウォーカー

もはや、やろうともしない子ども。ライダー化は家庭環境や発達障害等、本人の意思とは無関係なことに端を発していることが多いです。そして、彼にとって最も価値がないものは教師の正論。

ライダー

イラスト　奥野木優

話を45分で終わらせる授業のことに戻します。残り5分しかワークをする時間を取らないと、どういう弊害が起こるか。

それはランナーを活かせないことにあります。もし、15分の時間を取れば、5分でワークを終わらせたランナーたちが、残りの10分間を他の子のフォローに回ることができます。その力は絶大です。

教師はドラゴンボールの天津飯のように分身の術が使えるわけではないので、自分という指導リソースの活用には限界があります。しかし、ランナーが自分の分身となってあちこちで指導をしてくれれば、授業内の生産性は飛躍的に高まります。いうなれば**「知の再分配」**です。

ここで前提となってくるのが、学級のミッションを全員で共有できているかどうか。早く終わった子には、できてない友だちに教えるよりも、気になっている本の続きを読みたいという気持ちを持つ子も当然います。だからこそ、みんなで賢くなろうというミッションを日頃から共有しておくこと、そしてランナーの子たちのおかげで全員が終わった時には最大限の感謝をします。「ありがとう！」ここが肝心です。

また、子どもたちは活動によってその階層を移動します。算数ではライダーでも体育ではランナーだったり、音楽ではライダーでも給食ではランナーだったり。互いに得意不得意をフォローし合うことによって、信頼関係が育まれるようになると理想です。そこが小学校の良いところではないでしょうか。

クラスのバスを走らせましょう。

瞬間瞬間の最適解を見出し続ける

タイムマネジメント能力を上げるために、脳内にインストールすべきマインド。それは最適解思考です。もし、脳内に完全解思考がインストールされているなら、急いでアンインストールすべきです。それは思考の正常な動作を妨げるウイルスのような存在です。

「えっ！　でも子ども同士で教え合わすなんて、ちゃんとできるの？」

この、「えっ！　でも」を枕詞に多用する人は、間違いなく最適解思考が欠落しています。もちろん、教師が個別指導するよりも、その効果が小さい可能性は高い。中にはメチャメチャ上手い子もいますけどね。

ここで持つべき視点は、最適解と完全解という考え。

学校現場は、余りにも、後者の完全解を追求するという、誤った美徳に囚われすぎています。それにより、勤務時間がいたずらに引き伸ばされ、教育現場全体が疲弊しているように感じています。

完全解とは、全ての項目において、最高の解です。

自動車メーカーでたとえましょう。

「リーズナブルで、燃費が良くて、走りが良くて、大人数が乗れて、安全性能が高くて、悪路走破性に優れ、内外装のデザインが最高の車を作ろう！」

これを聞くと「そんなことは不可能だ」と感じるのが普通の感覚だと思います。

でも、学校って当たり前のように、こういった理想を掲げてしまうところがあります。

最適解とは現有するリソース（時間・モノ・人・カネ・情報）を使って、最大限の成果を出すことが期待される解のことです。**その瞬間瞬間の最適解を見出し続けることが大切なのです。**

チャイムが鳴る目いっぱいまでプリントをやらせて、鳴ったら回収して放課後に大量に丸付けをするといったことを昔はしていました。それは、全員にたくさん問題を解かせて、教師たる自分が全て丸付けをする方法が完全解と思いこんでいたからです。気になるのは「でも、子どもに丸付けさせたら間違っているかもしれないし……」というリスクです。もちろん間違っていることもあるでしょう。

しかし、それ以上のリターン、すなわち子どもの休み時間の確保と教師の負担軽減があるのなら、目をつぶる局面だと思います。夜遅くまでフラフラになりながら丸付けをして、翌日、疲労困憊のまま教壇に立つほうが、よっぽどリスキーです。

最適解を選ぶためには、当然ながら選択肢を持つことが必要です。その上で、現有するリソースから弾き出される最適解を選択する。

一番ダメなのは、選択肢を探しもせず、また目の前の非効率な仕事を疑いもせずに、盲目的に取り組むことです。

それを僕は**ゾンビ型思考**と呼んでいます。「バイオハザード」のゾンビを御想像ください。プレイヤーが弾切れで瀕死状態であろうが、体力MAXでロケットランチャーを構えていようが、果敢なのかアホなのか、ゾンビたちは歩みを止めずにプレイヤーへと近づいてきます。それは「逃げる」とか「隠れる」とか「許しを乞う」といった選択肢を持たないからです。

それと同じで、ゾンビ型思考で仕事に臨んだ結果、仕事にうずもれて残業地獄に陥っているという状況は、ままあると思います。まずは、「もっと良い方法はないのか？」という問題意識を持ち、複数の選択肢を持つことが、最適解を選ぶための第一歩です。

仕事に完全解は存在しません。今日の教育界では、今できる最適解を選ぶことがタブー視される傾向にあります。さらに困ったことに、できもしない完全解を選んで、満身創痍になりながら頑張ることが評価されがちです。ここに根本的な問題が潜んでいます。それは**完全解など幻想であり、そもそも存在しない**ということです。

完全解があるとすればこうです。職員全員が勤務時間ピッタリに始業、退勤。子どもたち全員がテストで100点を取って、生徒指導案件がゼロで、笑顔溢れる学校。

そりゃ無理です。でも、それを追い求めようとするのが学校という世界です。僕は5時までという時間、学校にあるモノ、そして同僚や子どもといったリソースから最適解を導き出して、まあまあそれなりにやってるつもりです。

それには、**リスクテイクをする勇気**と、**適切な妥協**が必要です。

●中期的タイムマネジメント〜1日のデザイン

では、1日の時間の使い方について考えていきたいと思います。大まかに分けると、こうです。

①子どもが来るまでの時間 ②子どもがいる時間 ③子どもが帰った後の時間

先述の通り、最適解思考を持った上で、②子どもがいる時間の使い方を突き詰めることが最も大切です。では、子どもがいない時間をどうデザインすべきかについて考えていきたいと思います。

朝は頭を、夕方は手を使う

まずは、朝の時間を大切にすることです。「別に朝でも放課後でも一緒じゃん？」と思われる方は多いと思います。

しかし、ある点において決定的な違いがあります。それは、疲労度。意識されていないかもしれませんが、確実に朝より放課後のほうが疲れています。疲労は生産性向上の大敵です。

野球でたとえましょう。1イニング目から全力投球をしてきた場合の8イニング目。

普通、一定量のスタミナを消費して球威もコントロールも落ちてくる頃です。そこから大切な仕事に取りかかっても、打ち込まれて炎上する可能性は高くなってきます。

よって、脳と体が絶好調の朝には、**頭を使う仕事**を持って来るべきです。そう、プレーボールと同時に、いきなり4番バッターと対峙するのです。

では、子どもが帰った後の時間はどうするのか。そこにはタスク処理的な仕事を持ってくるといいでしょう。いわゆる**手を使う仕事**です。

逆算思考で集中力を上げる

タイムマネジメントにおける重要な視点です。逆算思考と積み上げ思考。持つべきは前者の**逆算思考**です。

逆算思考とは、ある一定のポイントから逆算して仕事を終わらせる考え方です。1日における、そのポイントとは定時であるべきです。定時から逆算して、今日はこのタスクを処理しようと仕事に取りかかると、集中力も上がります。１００マス計算で時間を測ると子どもたちの集中力が高まるのと同じ理屈です。マッキンゼー社でも、同じ理由でキッチンタイマーを使うそうです。原始的ですが、間違いなく成果の上がる方法です。

それに対して積み上げ思考とは、読んで字のごとく、やるべき仕事をどんどん積み上げていって、全て終わったら帰ろうという考えのことです。この思考だと、どうしても集中力を欠いた状態でダラダラと仕事をしがちになります。すると時間あたりの仕事量も減ってしまいます。

15分パッケージで仕事密度を上げる

15分パッケージという考えを持つことも効果的です。たとえば、放課後4時から仕事をするとすれば5時までに15分×４パッケージがあるということです。そして、１

つのタスクを処理するのに15分という時間のパッケージをいくつ必要とするかを前もって想定します。

来週の週案を作るのに1パッケージ(15分)。水泳学習の起案を作るのに3パッケージ(45分)といった具合です。経験上、ここでパッケージングして逆算しないと、週案を作るにダラダラと45分かけてしまうといったことが起こります。

放課後に○○しようではなく、この15分で○○しようと時間を小分けして考えることで、時間あたりの仕事の成果の密度を上げることができます。

●長期的タイムマネジメント~1年のデザイン

ここではあえて飲食店を参考にします。一昔前までは、庶民にとって高嶺(高値?)の花だったお寿司。それが今では味のクオリティの差はさておき、1皿100円で、たらふく食べられる時代になりました。

では、なぜ寿司が1皿100円で食べられるようになったのか? それは回転寿司業界が圧倒的な生産性を実現しているからに、他なりません。では、その手法へと迫りに暖簾をくぐりましょう。

グッバイ「自転車操業」

「いらっしゃいませ～」

実は、僕の前職はくら寿司の店長なのです。ウン十連勤で瀕死状態になったり、売上日本一になったりと、地獄と天国の両方を体験しました。その時のノウハウが確実に今に活きています。

飲食店には、アイドルタイムとピークタイムという概念があります。アイドルタイムとは、ＡＫＢとかのソレではなく、車のアイドリングストップとかのアレです。

ピークタイムにはお客さんがいっぱいいます。当然忙しい状態です。

アイドルタイムには、お客さんがあまりいません。比較的暇な状態です。

一般的に、外食店におけるアイドルタイムでは、ピークタイムへ向けて仕事のストックをします。シャリを炊き、温泉卵を割り、いなり寿司を作り、ビントロを切り、ビックらポン（グッズがあたるゲーム）の補充をする。

ピークタイムには、アイドルタイムのストックを消費しながら、ひたすら寿司を作って流す、接客をする。この流れが大切で、もしアイドルタイムのストックがゼロの状態でピークタイムを迎えると、店舗運営が極めて困難になります。

「Aがない！　すぐ作って！」

「Bがない！　早く補充して！」

「んもう！　全然店が回ってないよ！」

厨房は阿鼻叫喚の様相を呈し、フロアには断末魔の声が響き渡ります。そしてお客さんからはクレームが…。

え？　学校は、どうなの？　こうなっていませんか？

この状態に陥っているのが、教師界でよくいう**「自転車操業」**というモノです。

学期中＝ピークタイム　長期休業中＝アイドルタイム　こう捉えましょう。

要するに、新学期を迎える前の長期休業中に仕事のストックを大量にしておくことが大切なのです。ピークタイム中（学期中）に、さまざまなストック作業をちょこちょこやると、勤務時間の過多を招きます。戦力(労力)の逐次投入は戦略上のタブーです。

では、ピークタイムとアイドルタイムにはどんな仕事をすべきなのか。それは生ものか乾きものかで考えていきましょう。

傷みやすい「生ものの仕事」は早めに処理しよう

「早めにお召し上がりください」ケーキ等で、よく見る表記ですね。

「賞味期限3年」非常災害用の食品にはこういった表記がされています。

これらをヒントに教師の仕事を二分して考えていくと、時間や労力の適切なマネジメントができるようになっていきます。

生ものは、日が経つにつれて味がどんどん落ちていきます。それを仕事に置き換えて考えて見ましょう。生もの仕事とは、時間が経つにつれて、どんどん精度が落ちていく仕事のことです。すぐに取りかかれば、質の高い成果が出せるのに、時間が経つと著しく質が下がってしまう仕事。具体的な例を挙げていきます。

1　成績処理

特に所見です。今日の学校現場においては、何となく学期末にまとめて書く風潮がありますが、これは絶対ダメです。時間もかかるし、精度も落ちる。過去の事を思い出すのって、脳にとって想像以上に強烈な負担となります。

たとえば、「ここ1週間の夕食を全部言ってください」って、いきなり言われたら、多くの方が相当に頭を捻ることになるはずです。でも、もし毎食後にノートに記録しておけば、何の苦労もせずに、それに答えられるはずです。

では所見の場合はどうすべきか。パソコンのデスクトップに所見のExcelを貼っておきます。そして、学期を通じて常々所見を書くという意識を持ち続けます。こうすることで、始業式の週から所見を書き始めることができます。そう、成績処理は、始業式を迎えたその日からスタートしているのです。所見を記録するタイミングは、非常に簡単です。それは、子どもを褒めた時です。褒めた瞬間に所見トリガーを引くのです。狙いを定めて……

「ショケーーーーンッ‼」

(ブログではマトリックスの主演キアヌリーブスが銃を撃った瞬間の写真をイメージとして使っていました。著作権の関係上、脳内でお願いします)

「あっ！　今褒めたこのこと書こう！」そして、放課後に忘れずパソコンに打ち込みます。忙しければ、せめてキーワードだけでも。そうすれば後からでも記憶の糸をするすると手繰り寄せることが出来ます。こうすることで、学期末に所見で頭を悩ます苦労から解放されます。

なお、早い段階から所見をスタートする希少種の人のことを**「アーリーショケナー」**と呼びます。是非、アーリーショケナーの仲間入りをしてください。

所見ヤッホイ指数

所見を打つにあたり、モチベーションを上げるとっておきの方法があります。それが所見ヤッホイ指数です。これは所見の達成度を可視化するという考えです。所見をExcelに打ちこむ度に、ヤッホイ指数が上昇していきます。そして、100ヤッホイになったら所見の完成。あとはドヤ顔で提出するだけです。

これは省エネ政策等でも有効とされている手法にヒントを得たもので、自分のアクションが数値化されると、人はモチベーションが上がるとされています。

所見ヤッホイ指数の実装の仕方は下記の表の通りです。

所見ヤッホイ指数の実装方法

	A	B	C	D	E	F
1	氏名	所見	文字数		所見 ヤッホイ指数	84%
2	A君	漢字の学習では、いつもていねいな字を書き、一生懸命がんばる姿が素晴らしかったです。	41		所見標準字数	60
3	B君	クラスでは「学級委員長」として、クラス会の司会を務めるなど、クラスの中心的存在として活躍してくれました。	52		児童数	3
4	O君	「サッカー」の授業では、後ろ向きのボールをめっちゃトラップしてゴールを決めるなど、半端ないプレーを見せてくれました。	58			
5		所見合計文字数	151			

所見ヤッホイ指数の作り方
❶所見欄の隣に文字数を表示させる→ LEN（B2）
❷所見合計文字数欄を作る→ SUM（C2：C4）
❸児童数欄を作り、数字を入力する→ F4
❹所見標準字数欄を作り、数字を入力する→ F2
❺所見ヤッホイ指数欄を作り、次の式を入力する →＝所見合計文字／（所見標準字数＊児童数）

2　会計処理

これはお金が動く度に確実にやっておくべきです。時間が経つと、数字は本当にわからなくなりますよね。最後に会計で頭を悩ませるのは時間がもったいないです。会計処理に投下した時間は、残念ながら1㎜たりとも子どもたちに還りません。

3　出席簿

出席日数や休んだ理由等は、通知表や要録等に記録するので、これも細かにやっておかないと、後々混乱します。気象警報発令による休校や、インフルエンザによる学級閉鎖は要注意です。

4　時数管理

これも生もの仕事の代表格です。昔はコレが苦手でいつもどこかが狂っては、ちゃんと管理されている先生の週案をお借りして、にらめっこして時間を浪費していました。特に学級閉鎖が絡んでくると一気にややこしくなります。「学校行事」「児童会」「週の時数」「累計時数」あたりにポイントを絞って、毎週狂いがないかチェックすれば、ズレを防ぐことができます。

保存のきく「乾き物仕事」はまとめて処理しよう

乾きもの＝時間が経っても味が落ちない食べ物。
仕事に置き換えると……

乾きもの仕事＝時間が経っても精度が落ちずに質が保存される仕事。
すなわち、いつやっても精度の変わらない仕事といえるでしょう。
では具体的な乾きもの仕事にはどんなものがあるのでしょう。

1　プリント類の印刷

これは学期始めや長期休業中に、一気にやっておくべきです。なぜなら、いつやろうが精度に変わりはないから。また無駄な動作を減らすという観点からも、まとめてすべき仕事です。うまいことといけば、学期分のプリントをノンステップで一気に印刷することができます。

2　会議資料等の大枠作成

受け持った分掌に応じて、作成すべき資料があると思います。基本的に前年度のものをベースに作ると思いますが、その際に日付やスケジュール、異動による担当職員の名前の入れ替え等を、事前に作り変えておくと楽になります。Word等での名前の入れ替えは、検索・置換の機能を使うと楽ですね。

生もの仕事　⬇　シーズン中に、刻んで処理する。
乾きもの仕事　⬇　オフシーズンに、まとめてやっておく。

紹介したものはごく一部です。仕事の精度という指標から、刻むべきか、まとめてやるべきかを判断し、仕事をするタイミングを考えると生産性は上がっていきます。

シーズン中にちょいちょいプリント刷って、所見をガッツリ学期末に書く。この一番ダメなパターン……まさしく、自分の昔のスタイルでした。**いかにシーズン中に生ものだけを処理できるかが、定時退勤への近道です。**

1年というお仕事サーキットを4月に改修しよう

年間トータルでの勤務時間を抑えるための鍵となるのが4月です。

仕事をサーキットにたとえましょう。1ヶ月で1周、1年で12周してチェッカーフラッグが振られると考えます。いかに速いラップタイムで仕事サーキットを周回し、トータルタイムを縮められるかが勝負です。

クラッシュ（イレギュラー発生）したり、コースアウト（無駄な仕事）したりすると、タイムは確実に落ちます。安定したハンドルさばきで、1年を乗り切ることがベストです。

しかし、我々はこんなこともできます。

それは、**サーキットを改修すること。**

難しいヘアピンカーブを毎回、凄まじいドライビングテクニックでクリアするのではなく、その難所をイージーなコースへと改修することで、より速いラップタイムを叩き出せるようにすることが可能です。


ムダなコースをムダなまま最速で走り抜けようとするのではなく、より速いタイムで走り抜けることができるよう、コースを改修するのです。

それは校務分掌の業務カイゼンであったり、子どもの学力を上げるための仕掛け作りであったりします。


校務分掌の業務のカイゼンに関しては、1年での仕事をある程度見通しを持った上で進める必要があります。そうでないと、「もう忙しいから、去年の会議資料の日付だけパパッと変えて、とりあえず出しておこう」という、忙しい時あるあるに陥ります。

そうして、無駄な贅肉がついたままの行事が、前年踏襲という錦の御旗の下、繰り返されるのです。目先の時間を惜しんだために、学校全体の時間を奪うこととなりかねません。

子どもの学力に関しては、もっと大切です。

仮に、2年生で習った九九が全く覚えられていない子がいるとします。その子の課題にいち早く気づき、それをクリアできるような手立てを、保護者と連携しながら行う計画を立て、実行する必要があります。たとえば、車で九九のCDをかけてもらったり、お風呂に九九表を貼ってもらったりといった方法です。

目先の時間に捉われ、1年間それを引きずるよりも、早い段階で手を打つほうが間違いなくトータルでの指導負荷は減ります。

何よりも、勉強がわかるようにすることは我々の第一ミッションであるはずです。そして、それはクラスの安定によるイレギュラーの軽減という効果をも、もたらします。

学力向上は最大の生徒指導。学力が向上しているという感覚を持たせることで全ては好転していきます。

サーキット改修への時間をケチって、毎回ものすごい労力を使ってヘアピンカーブを走り抜けようとするより、結果的にトータルタイムが速くなるはずです。

●潜在的タイムマネジメント～時間を発掘する

学校の当たり前を疑っていきましょう。そうすると、潜在的な時間を発掘できるようになるかもしれません。

結論は5秒で出そう

僕が時間の無駄だと思うもの。それは悩むという時間です。

「ウーーーン……」としているうちにも時間は過ぎていきます。それをなくしていきませんか？

ファーストチェスとは、チェスを競技する際に5秒以内に打つというルールを指します。**ファーストチェスのルールと通常のチェスのルールでは86％が同じ手であることが実証されています。**（ファーストチェスの法則）

要するに、ウダウダ考えるのではなく、すぐに結論を出すべきなのです。

理科や図工の教材を選ぶ際、学年団のみんなで1つずつ手に取って

「どれが良いだろう？　これはここが良くて、でもそっちのはここが良いなぁ……」

という場面はよくあると思います。

しかし考えてほしい。各教材会社が努力して作った教材です。大外れはそうそうないはずです。

とにかく5秒で結論を出す。それでも8割方答えは変わらない。

ダメそうなことにそれ以上時間をかけない

サンクコスト（埋没費用）とは、取り戻すことのできない時間・労力という意味です。

たとえば、3時間費やして今度の研究授業のための準備をしたけど、どうもイマイチだなぁ……なんて経験ありませんか？

そんな時「こんなに苦労したのにやめるのは勿体ない……」なんて気持ちになりますよね。

でも、はっきりと断言します。

「成果が現れないと思ったことに対し、それ以上の時間と労力を投下するほうが勿体ない」

どうしても、自分が費やした時間や労力に未練を持ってしまいます。でもこれってフラれて、もう見込みのない彼女にひたすらプレゼントを贈り続けることと同じです。

悲壮ですよね……。

サンクコストの呪縛に囚われなかった好例として、ユニクロのファーストリテイリング社の農業分野からの撤退が挙げられます。利益が出ないとみるや否や、すぐに撤退を判断し、わずか1年半足らずでその市場から撤退しました。それにより赤字を最小限に食い止めることができたのです。

ユニクロ野菜のように、サンクコストの呪縛に囚われず、スパッと止める勇気も必要です。

エッセンシャル会議化のすすめ

教師の生産性を低めているものの正体の1つは会議です。Twitterで時々見られる「朗読会」なる会議も存在しているようです。資料に書いてある文字を全て読み上げる。そして他の人は内職したり、居眠りしたり。こんな非生産的な時間の使い方はあってはなりません。読めばチンパンジーでもわかることを全て読み上げるなんて愚の骨頂です。

そんな会議を劇的に変える方法があります。それが**エッセンシャル会議化**です。会議資料を事前に全職員に配布しておき、参加者はその資料に目を通している前提で会議を開きます。そして、起案者はエッセンシャル（本質的に大切な箇所）な部分だけを口頭で伝える。たったこれだけです。教務主任の先生にこの仕組みを提案するだけで出来ます。会議を短くしたいという思いは誰もが同じはずです。ぜひ取り入れてみてください。

計画をいつも頭の中に

運転しながら。電車に揺られながら。ジョギングしながら。歯磨きしながら。エレベーターに乗りながら。布団の中に潜りながら。偉いさんの長い話を聞き流しながら。僕たちの仕事はできます。教師の仕事の本質は知的生産。**知的生産に唯一必要なも**

の、それは時間です。場所やモノがなくたってできるのです。

日常のさまざまな隙間の時間。そんな時間を有効活用して脳内で仕事をしておくことって、かなり重要だと感じています。

ＰＤＣＡサイクルを回す。やはりこれは基本だと思います。多くの仕事は、Ｐ（ＰＬＡＮ）を起点としてスタートします。一番ダメなのは、出勤して机についてからＰを始めること。そうなると、どうしてもＤ（ＤＯ）のスタートが遅れます。前もって脳内でＰをしておき、エンジンを温めておくことで、出勤時間からロケットスタートを切ることが出来るのです。朝の通勤時間中に、出勤してからの流れをイメージしておくだけでも、朝の時間の生産性は大きく違ってきます。

Ｐは、最も、重要かつ難しいものです。アイデアという不確実な要素を起点とすることが多いためです。職員室のデスクで「うーーーーん」と考えていたって、そうそう都合よく舞い降りてくるものではありません。

勤務時間中は、割り切って作業にあてるべきです。僕の場合、作業的仕事は一切持ち帰りませんが、実は脳内にはたんまりと仕事を持ち帰っています。

なぜなら、リラックスした環境のほうが間違いなくクリエイティビティは刺激されるからです。

お気に入りのカフェに行くのもよし、綺麗な景色を見ながらドライブするのもよし、子どもと近所の公園へ散歩へいくのもよし。そんな折、アイデアという名の天使は、ふと舞い降りてくるものだったりするのです。勤務時間内でＰＤＣＡを回し切るのは厳しい。だから、脳内に仕事を持ち帰ることは必要と感じています。ただ、嫌々やるのではなく、楽しみながら脳内で考えられるといいですよね。

5章

ルールを知る者だけが勝てる「学級経営オセロ」!

角さえ押さえれば後で何とでもひっくり返せる！

オセロって、プレー経験が少ないうちは、目先の白黒の枚数に一喜一憂するものです。しかし、経験を積んでいくうちに、気付きます。

「角を押さえていれば、最終的には戦局をひっくり返すことができる」

ということに。

学級経営は、つまるところオセロです。目先の荒れに焦って、子どもを理不尽に怒鳴り散らしたりすることはよく見られる光景です。僕自身、そういう時期がありました。「必死でここを抑えないと学級崩壊する！」そんな焦りから、感情的に子どもを叱りまくった結果、子どもの心が離れていくという悪循環を起こすという失敗も経験しました。

しかし、角を押さえさえすれば、途中でどれだけ劣勢に立たされようが、後で何とでもひっくり返すことができます。だから、目を向けるべきは、目の前で起こっている瑣末なことではなく、**学級オセロ盤の角**なのです。

なお、学級経営オセロは、通常とは少し違った特殊ルールの下で、ゲームが進みます。その特殊ルールとは次の２つです。

学級経営オセロの特殊ルールとは？

①始めから角を取りに行ける。
②一度取った角をひっくり返されることがある。

前者は圧倒的なメリットであり、後者は圧倒的なデメリットであるといえます。

では学級経営オセロの４つの角とは一体何を指すのか。これが押さえるべき４つの角です。

①授業
②子どもとのコミュニケーション
③教室環境
④20％の心身の余裕

４つ全てが難しくとも、少なくとも３つは押さえられると勝率はグンと高まります。逆に、全てを失うと学級は崩壊への一途を辿ることでしょう。**学級崩壊は、教育の生産性をゼロ、もしくはマイナスにする悲劇**です。それだけは避けなければなりません。子どもにとっても、そして教師にとっても、これ以上はない不幸なアクシデントです。

ただし、ここで留意しておかないといけないことは、崩壊した学級は子どもにとって、ある意味都合がよい状態になっているということです。なぜなら、サボっても良い雰囲気が蔓延しているからです。人は本来易きに流れる性質を持っている生き物。子どもならなおさらです。消え去った心の火を、再び灯すにはちょっとやそっとの火力でどうこうなるレベルのものではありません。バケツの水に浸した手持ち花火に点火しようとするようなものです。灯るかどうかもわからないのに、気が遠くなるようなエネルギーを投下し続けなければなりません。

それよりも、クラスを荒らさないことのほうが楽なのは明白です。では、学級経営オセロの攻略法に迫りましょう。

「2割のイレギュラーが8割の仕事を生む」

その前に、そもそも「学級の安定と勤務時間がどう関係するのか」ということについて確認したいと思います。

数多くのビジネス書に、**「パレートの法則」**というワードが出てきます。パレートの法則とは、全体の数値の大部分は、全体を構成するうちの一部の要素が生み出しているという理論です。80対20の法則、ばらつきの法則とも呼ばれます。この法則から、学校では**2割のイレギュラーが8割の仕事を生んでいる**と考えています。

学級が荒れるとイレギュラーが頻発します。生徒指導上の問題が頻発して対応に追われ、余裕を失ってさらなるイレギュラーを呼んでしまうという悪循環へと陥ると、仕事は雪だるま式に増えていってしまいます。こうなると、その流れを止めるのは至難の技です。

逆にいうと、2割のイレギュラーをなくせば、仕事発生の8割を抑えることが出来ます。

では、パレートの法則を念頭に置いた上で、本題に入りたいと思います。

パレートの法則

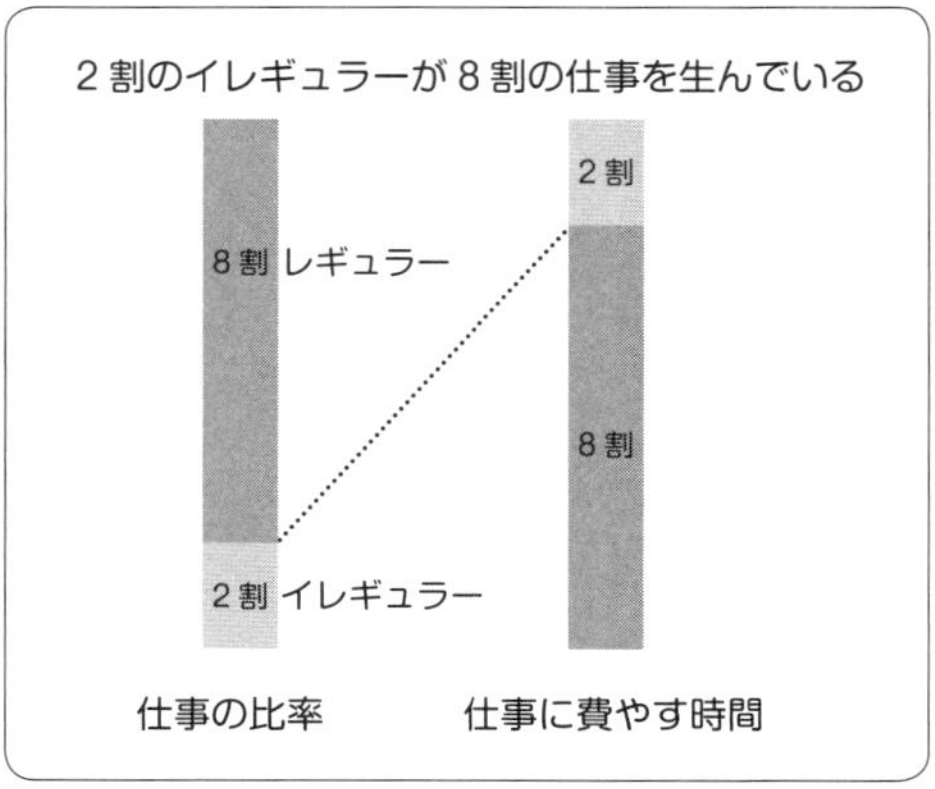

●1つめの角「授業」

荒れる授業とはどんなものなのでしょうか。それは**期待感に乏しい授業**です。ひと昔前には通用していたが、現在は通用しない使い古された授業フレームに多いと感じます。

たとえば国語科における「○場面の○○の気持ちを考えよう」というものです。先が簡単に読める上に、発問に対する答えの幅が極端に狭い。これではワクワクしようがありません。

今日の子どもは多動化しています。

ここでいう多動化とは発達障害的な視点のことではなく、時代性に伴う健康的な多動化のことを指します。水曜7時にテレビの前へ行き、チャンネルをフジテレビに合わせドラゴンボールを30分見るという、極めて受け身的な情報受信のスタイルがスタンダードであった四半世紀前の子ども。それに対して、スマートフォンやタブレットで、好きな動画をいつでもどこでも見られて、つまらなければ直ぐに次の面白そうなコンテンツを探すといったスタイルがスタンダートな今日の子ども。授業というコンテンツを提供する立場にある教師にとって、より難しいのは後者である今日の子どもです。

ツマラナイモノはスキップするという文化に慣れ親しんだ今日の子どもにとって、ツマラナイのにスキップせずに最後まで見続けなければならないという授業文化は、到底受け入れられないものなのです。だから、授業をオモシロイコンテンツにしていくことは、必要不可欠なことなのです。

教材研究の生産性を上げる
～車輪の再発明をしない

車輪の再発明という言葉があります。これは、既にある人が発明したものを、他の誰かが再度発明するということを指したものです。初めに発明した人から設計図を借りれば短時間で作れたにも関わらず、それをしなかったために長い時間をかけてしまったのです。

学校現場でも、往々にしてこのようなことが起こりがちです。世の中にはたくさんの教育実践が既に存在しています。それらの情報へアクセスすることで、より短い時間で、より効果の大きい学習のデザインができるはずです。もちろん、目の前にいる子どもに合わせることは大切です。だからといって、それは闇雲に試行錯誤することとは違います。

たとえば、計算力や集中力を高めさせたいなら陰山メソッドの１００マス計算が、跳び箱を跳ばせたいなら向山式指導法が有効でしょう。企業でも誰かが開発した良い方法は社内でシェアされます。同じように、**「株式会社 公教育」**として、先人の方が開発した方法を活用していくべきです。

時々、「○○という実践は気にくわないからやらない」なんて声が聞こえます。しかし、子どもは教師の理念を実現するための手段ではありません。逆に、教師は子どもが成長するための一手段なのです。仮に指導者が気に入らないものであっても、目の前に子どもにとってそれが最適な方法であるなら、使うべきであると思います。

ここだけの話にしておいてほしいのですが、実践グループ間や、そのグループ内での変なエゴをこじらせてないで、みんな仲良くやろうよって、僕はこっそりと思っています。

●2つめの角「子どもとのコミュニケーション」

子どもとのコミュニケーションを良好にすることは、非常に重要です。特に注意したいのが、叱ってばかりという状態に陥らないこと。経験上、こういったマズイコミュニケーション状態が続くと、クラスの荒れは確実に進行してしまいます。

北風と太陽　正しい戦略で関係をつくる!

「指導の生産性」という概念。それは指導に投下するエネルギーに対し、いかに子どもの正の変化という成果を得ることが出来るかというものです。しかし、ずっと心に引っかかっている現象がありました。それは、時間・エネルギーを投下すれば投下するほど、マイナスの成果を生み続ける指導の存在。学習指導で、やればやるほどマイナスの成果を生むことはそうそうないでしょう。しかし、生徒指導でいうと、そういったケースは珍しくもなんともありません。

「北風と太陽」のストーリーについて簡単に触れておきます。北風と太陽が、強いのは自分のほうだと言って、ゆずりません。そこで、通りかかった旅の男のマントをひきはがしたほうが、強いということになりました。さあ、北風と太陽、どちらが勝ったでしょう。

そう、ご存知の通り、勝ったのは太陽。これと同じ現象が日本各地の教育現場で起こっているのではないでしょうか？　太陽が勝ったのは、その戦略が正しかったから。指導で成果を上げるために大切なことは、**正しい戦略と効果的な戦術**なのです。

戦略と戦術

戦略と戦術、どう違うの？　それは戦争にあてはめて考えるとわかりやすいです。

戦略

「A島を占領しよう！」「B島を占領しよう！」

この方向性こそが戦略。**戦略には正誤があります**。もし、戦略上の要所となるA島を占領できたら、それは正しい戦略です。しかし、戦略的に何の意味もないB島を占領したら、自軍にとっては兵力を疲弊させるだけのマイナスになるので、誤った戦略だといえます。

戦術

戦略決定後「ミサイルを撃ち込もう！」「竹槍で攻め込もう！」など、どう攻めるかが戦術。

戦術には強弱があります。

戦略を次の２つに分けて考えます。

プラスの効果をもたらすものを、太陽戦略

マイナスの効果をもたらすものを、北風戦略

学校現場におけるよくある事例をもとに、指導の戦略と戦術について考えていきたいと思います。

事例：高学年男子数名が掃除時間にサボって、たむろしている。

北風戦略・強戦術

「おい！　何で掃除時間にこんなところでサボってんねんゴラァッ!!　ちゃんと……（以下省略）」

言ってることは正しいですが成果は生みません。これで子どもが変わるなら、教師なんてイージーなお仕事です。学校現場において、正論ほど役に立たないものはないのかもしれません。

北風戦略・弱戦術

「何でこんなとこにいるの？　早く掃除行きや」

強戦術よりマシですが、プラスにはなりません。

太陽戦略・弱戦術

「はいはいー、掃除時間やで。掃除行くん嫌なんか。何で嫌なん？　（中略）そうかぁ、まあ掃除するんはみんな面倒くさいもんな」

ニュアンスが伝わるでしょうか？　いったんその子たちの気持ちに寄り添うことに

より、少しはプラスになる可能性がありそうですよね。

太陽戦略・強戦術

「おっ！　またサボってんのか？　笑」

一緒にヤンキー座りをして輪に入って…

「先生もなあ、昔はようサボって先生に怒られたわ」

「最近Aはサッカー頑張ってるんか？　そうかそうか、先週ゴール決めたんか！　やるやん！　来週は決勝なんか。次も決められるといいなぁ。まあ、多分無理やろうけどな…笑」

輪で笑いが起こる。

「うっさいわ！　決めれるわ！」

なんてムキになりつつ、嬉しそうな顔をするA。

「何で掃除行きたくないんや？」

「そうかそうか、先生とかクラスメイトからの視線が冷たいんか」

「何でそう感じるんや？」

「そうかそうか、勉強が出来ひんでイライラして邪魔してしまうんか。そうか、そりゃイライラするわなぁ…」

（中略）

「ほなとりあえず、教室の前まで行くか？　もうすぐチャイムも鳴るしな」

あくまでも、これらは過去の成功や失敗から想像した架空のシチュエーションです。


北風戦略で大声出して、青筋立てて怒っても子どもたちにプラスにならないことは誰もがわかるところだと思います。むしろ、「何も俺らのことわかってへんくせに！」というフラストレーションと、不信感をためこませるというマイナスの成果しか生みません。過去の自分がまさしくそうでした。

図式化したものが、この**北風と太陽マトリクス**です。今、自分が行っている指導は太陽戦略（正）なのか、北風戦略（誤）なのかを見極める。この客観視が大切です。仮にそれが北風だったならば、すぐに止めないといけません。往々にして怒りというネガティブ感情に支配されていると、正義感からそれを正当化しようとしてしまいがちです。

そして、太陽戦略をとっていると確認できたなら、その戦術をより強いものにしていくべきです。共感し、寄り添い、そしてどうするかを考えさせる。表情や声色にもとびっきり気を使って。勉強の出来不出来にかかわらず、しんどい子は、教師が自分のことをどう思っているかは確実にわかります。それを念頭に置いて指導に臨む必要もあります。

先述の**「先生も昔はそうやったし**

北風と太陽マトリクス

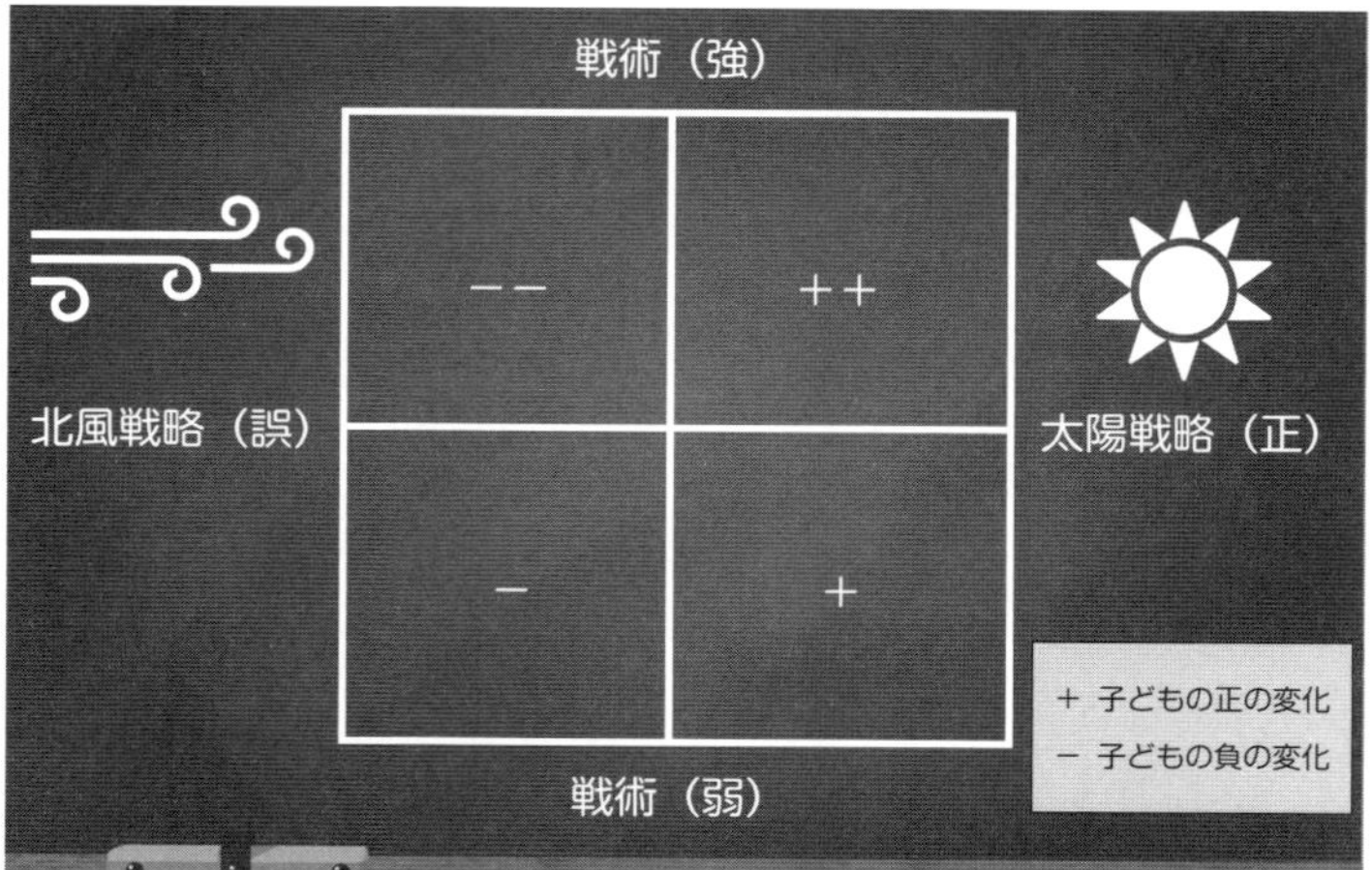

……」**という枕詞は最強の共感フレーム**だと思っています。経験上、一気に心の距離を縮めることができます。

なぜなぜ分析で、子どもに寄り添う

「なぜそんなことしたの？」「なぜ何度注意してもわからないの？」

おそらく日本中の学校で聞かれる言葉です。しかし、これらの場合の「なぜ」は、**北風戦略におけるはマイナスの「なぜ」**です。なぜなら、それらは答えようのない「なぜ」だからです。実は知らず知らずのうちに、教師はこの答えようのない「なぜ」をイライラしながら無数に投げつけて、子どもたちにマイナスの影響を及ぼしていることが多いと思います。

それに対して、**太陽戦略における「なぜ」**は寄り添うためのプラスの「なぜ」です。「なぜそう思うの？」「なぜ嫌だと思うの？」等がその一例です。

こうやって、「なぜ」を繰り返して原因を深掘りしていき、真因を突き止めようとする手法を**「なぜなぜ分析」**と呼びます。これは、トヨタ発祥の超有名なフレームワークです。

子どもたちの負の行動をなぜなぜ分析していくと、結局のところ真因は、子どもの責任には辿り着きません。家庭環境だったり、発達障害だったり…、あるいは、教師の話し方に真因がある場合もあります。

また、なぜなぜ分析をしている過程で「この先生、俺のこと理解しようとしてくれてるんだ」という感情を生みます。

最小エネルギーで最大成果を発揮する状態に

好意の返報性という心理学用語があります。人によくしてもらったら、その人に好意を返そうとする心理的作用のことを指します。教師と子どもの間でも、これは大いに影響を及ぼします。

子どもに寄り添ったり、温かい表情で接したり、そういった好意を子どもに向けることで、子どもも好意を返そうとしてくれます。それは頑張りであったり、素直な態度であったり。そうやって信頼が築けた状態であれば、ちょっとした問題行動があった時、名前を呼んで優しく目をみるだけで、子どもはハッと気づき直そうとしてくれます。**最小エネルギーでの最大効果の状態が発揮されている状態**といえます。

しかし、信頼がない状態だと、どれだけこちらがエネルギーを費やしても、直そうとはしてくれません。逆に、より反抗するといったことも起こります。

ただイライラをぶつける行為になってないか？

北風を勢いよく吹き付けて、マントを飛ばそう飛ばそうとするほど、子どもたちはマントを力強く握りしめます。

学級（学校）経営が上手くいかないと、イレギュラーが頻発し、仕事は雪だるま式に増えていきます。

指導に擬装された「ただイライラを子どもにぶつける」行為を連発するという指導

戦略上の致命的なミスが、全国で学級崩壊を招いている要因の1つだと感じます。なお、この章は自分の数々の失敗を振り返りながら、自戒も込めて書きました。
指導の生産性を上げることは、間違いなくA領域の仕事です。

時には、クラスで羽を伸ばし、遊んで大笑いすることも大切です。そんな時、アイスブレイクの引き出しをたくさん持っておくことも大切です。「ガッコーをもっとおもしろく」をテーマに様々な実践を打ち出している奥野木優先生の本等、たくさんの書籍も出ているので、手に取って自身の遊びの引き出しを増やすことをおすすめします。

●3つめの角「教室環境」

これは最も簡単に取れる角です。教室環境を整備することは、教師のスキル云々ではなく、気持ちの持ち方次第でできることだからです。

割れた窓を放置しない

割れ窓理論というものを御存知でしょうか。80年代、ニューヨークのジュリアーニ市長が、治安問題に喘いだ時、真っ先にしたことは何か。それは地下鉄の落書きを消すことでした。そういった軽微な犯罪を見過ごさないというポーズをとることで、大きな犯罪も減少していきました。メチャメチャ綺麗な家の窓を割ろうなんて誰も思わないですよね。でも、窓が割れまくっているオンボロ小屋の窓なら、別に割ってもいいだろうって心理、何となく理解できますよね。

これは教室にもあてはまります。ゴミが落ちていることを当たり前としないことが大切です。そういった教室は子どもの心の荒れへと繋がります。そして荒れるとゴミが床に落ちるという悪循環がスタートします。たとえ小さなゴミでも落ちていたら拾うという姿勢を教師が見せることも大切です。

しかし、ここでポイントになるのが、ゴミが落ちているからといって、イライラして子どもを責めないこと。それはそれでまたマイナスの効果を生んでしまいます。

微小なことが極大の災いをもたらす？

気象学者のエドワード・ローレンツの講演での有名なフレーズがあります。

「ブラジルの1匹の蝶の羽ばたきが、テキサスで竜巻を起こすか？」

これは、はじめは微小だったことも、巡り巡って極大の何らかの効果を及ぼし得ることを指しています。これが**バタフライ効果**と呼ばれるものです。

これも教室にあてはまります。たとえば、何らかの子どもの気を引くものが教室に置いてあるとします。例を挙げると、何気なく棚に置かれていた針金。これを見つけたヤンチャ君は、それで授業中に遊んで叱られて逆上して暴れるかもしれません。最悪の場合、コンセントにさして感電するといった事故が起こることもあり得なくもないでしょう。

いわゆる、「大変なクラス」を受け持っているときほど、このバタフライ効果を念頭に置き、危険な香りのするものは教室に置かないということには気をつけるべきです。

ゴミが落ちていない、机が揃っている、無駄なものが置かれていない、ロッカーが整理されている。このような状態をキープすることが大切です。学級担任制というシステムでは、毎日同じ空間を目にするので、なかなか負の変化に気付きづらいものです。４月当初の感覚を忘れずに、意識して客観的に自分の教室を見ることを心がけたいですね。

そして、無駄なものを極力排除した上で、ちょっぴり無駄なものを置くという遊び心も必要だと考えています。

教室緑化で心に安らぎを

僕は、**教室緑化**と銘打ち、観葉植物を置くことを勧めています。ヘデラやプミラといったグラウンドカバー系。小洒落たブリキの鉢に入れたオリーブ。最近流行りのエアプランツ。緑は色彩心理の観点から、安心・癒しの心理的効果をもたらすそうです。観葉植物には、子どもたちの心を落ち着ける効果を、ちょっぴり持っているのかもしれません。

●4つめの角「20％の余裕」

そして、最後の角は**20％の余裕**です。ここに余裕がないと、何事もスムーズに仕事を運べなくなります。心身の疲労が蓄積されると、まず、パフォーマンスが落ちます。仕事を処理するスピードも落ちるでしょうし、ミスも増えがちになります。

また、子どもとの接し方にも余裕がなくなり、ちょっとしたことにイライラして、子どもにあたってしまうようなシーンが出てくるかもしれません。

では、どうやって20％の余裕を作り出すのか。勤務時間を適正化していくことはもちろん重要です。ここでは、それ以外のポイントについてお話しします。

質の高い睡眠が、質の高い覚醒を生む

『スタンフォード式最高の睡眠』という本がベストセラーになりました。これは日

本という国で働く人たちが、いかに睡眠に悩んでいるかということを如実に表しているものだと感じます。事実、日本は世界有数の寝ない国です。特に教員はその勤務時間の長さ故、その傾向はさらに顕著なはずです。

睡眠というと、睡眠時間という「量」で話されることが多いですが、実は「質」も非常に大切なのです。

その質を左右するのが、**黄金の90分**と呼ばれる、初めの90分の睡眠です。そこの質が良いと、その後の質も保証されるそうです。紙幅の関係であまり多くは書けませんが、就寝90分前の入浴、質の高い寝具の使用、寝室の室温・湿度を適切に保つといったことがポイントとなってきます。

そうやって、夜の睡眠の質を高めることで、日中の覚醒も高まるという好循環の中に自分を置くことが大切なのです。この本は読んでおいて損のない1冊です。

良質な休憩時間が心のゆとりにつながる

勤務時間中、い・ち・お・う、休憩時間が設定されていると思います。しかし、定められた45分という休憩時間をガッツリ休んでいる先生は皆無ではないでしょうか。確かに45分休憩することはできません。しかし、睡眠と同じく、この休憩時間も質を高めていくことは可能です。

Google社の取り組みにより有名になったマインドフルネス（今現在起こっていることに意識を集中する心のあり方）。これを5分、10分といった休憩に取り入れてみてはどうでしょうか。子どもがいる時間の休み時間や、放課後のほんの少しの時間でもできます。

まず、目を閉じて、全身の力を抜きます。そしてゆっくり大きく呼吸をします。ここで大切なことは意識です。リラックスして、自分の呼吸に意識を集中させます。今、空気を吸っている、そして吐いている。そうしていくうちに、意識はこれからのことや、これまでのこと、要するに過去や未来から「今」へとシフトしていきます。少なくとも、「今」この瞬間はノーストレスの状態にあるはずです。人はこれまでの失敗や、これからのことに関する不安により、ストレスを受けます。しかし、こうやって意識を今だけに向けることで、心をストレスから解放してあげることができます。

好きな飲み物を用意するのも良いでしょう。僕は、ウニールというスペシャリティコーヒー専門店のコーヒーを愛飲しています。職員室で、お気に入りの豆を挽いて、ドリップでコーヒーを淹れて飲むという至福のひと時を日課にしています。

脳内でネスカフェのＢＧＭを再生しながら、マインドフルネス状態で、美味しいコーヒーを味わう。贅沢な５分の休憩をとることで、後の仕事のパフォーマンスを上げることは可能です。

良質な休憩時間で、心のゆとりを取り戻しましょう。

できていることに注目するとストレスが激減!

日々、ストレスに晒されるのがこの仕事です。なかなか思うようにいかないことも多いですからね。しかし、そんな時、柳のようにしなやかな心でストレスを減衰させる方法があります。それが**リフレーミング**。リフレーミングとは、物事を違う枠組みでもう一度見つめ直し、ポジティブに捉えようとすることです。

たとえば、図書室を利用した後、「椅子をきっちり元に戻そう」と声をかけます。そして、子どもたちが出ていった後に、チェックすると一脚だけ椅子が出たままに。ここでイラっとしながら椅子を戻そうとする。「何でこんなこともできないの？」と心で愚痴りながら。

でも、こう考えることはできないでしょうか。椅子を戻しながら「他の29人はキッチリできたんだね。達成率90％！」と、いった感じです。

日々の小さなイレギュラーを見た時、こうやってリフレーミングすることで、あなたの心へかかるストレスを減衰することができます。

僕は、よくこんな壮大なリフレーミングをします。何かストレスを感じることがあったとき、国際紛争問題や地球環境問題と比較します。国境付近での銃撃戦、温暖化による氷河の崩落。そういった事象と比較した時、体操服を忘れて見学中に走り回って遊んでいる子どもなんて、極めて平和な光景なのです。

学級経営オセロ盤の角をチェックする

「クラスがしんどいな……」と、感じたら角のチェックをすることが大切です。初めに取ったはずの角が、いつの間にか再びひっくり返されているかもしれないからです。クラスを、そして自分自身の立ち振る舞いをメタ認知（自分自身を客観的に認識する能力）し続けることは、案外難しいもの。デッドラインを超えてしまうと、もう元に戻すことはほぼ不可能になってしまいます。実際のオセロでも、終盤に4つの角を取られた状態で勝つのは至難の技ですよね。それと同じです。授業の角、コミュニケーションの角、教室環境の角、20パーセントの余裕の角。それをゲーム序盤に取りにいくこと、そして、その角をひっくり返されないようキープして、学級経営オセロを楽しみたいものですね。

6章

自分のミッションを持つ

仕事を楽しむ

生産性を上げるためのさまざまな方法について書き綴ってきましたが、最後にマインドに立ち返りたいと思います。

自らの生産性を極大化するために必要なことは、**仕事を楽しむというマインド**です。

「好きこそ物の上手なれ」という言葉がありますが、全くその通りだと感じます。

誰しもが一度は耳にしたことがある、こんな逸話があります。

重たい石を運んでいる人を見て、ある旅人が問いました。

「あなたは何をしているのですか？」

すると、疲れた表情で「重たい石を運ばされているのです」という答えが返ってきました。

しばらくすると、また別の石を運んでいる人が来たので、同じことをたずねてみました。

その人は「この石を運んで、ピラミッドを作っています」という答えでした。

さらに、もう1人やってきました。この人は何だかとても良い表情をしています。

同じように問いかけると、こんな答えが。

「**エジプトの歴史を作っています**」

ミッションを持つと仕事が一気に自分のものに

最後の人は、自分の仕事に使命感を持って働いています。彼のように、仕事を、自分の使命（**ミッション**）を達成するための手段と捉えることで、仕事を面白いものへと変えていくことができます。このような価値観を**コーリング**と呼びます。この境地へ達すると、自分のミッションと仕事とを同じ文脈上に配置できるため、**天職**という価値観を持つことができるようになります。

出世といった地位向上や、自分自身の能力の向上といったことを動機として働く仕事の在り方が**キャリア**です。そしてやりがいなどを求めず、ただお金をもらうことに価値観を見出す仕事の在り方を**ジョブ**と呼びます。

コーリングの境地へと辿り着けば、一気に仕事を自分のものにできます。事実、自分のミッションを持って働いている先生は、本当に輝いています。

友人に、けテぶれ学習法を考案し、そしてそれを日本中へ広げるというミッションを持った**葛原祥太**という男がいます。けテぶれを語る時の、彼の熱量、目の輝きは見ていて気持ちの良いものです。

働いている時間を、自分の時間にするか、他人の時間にするか。それを左右するのはミッションの有無なのかもしれません。

※けテぶれ学習法
学習力（自分で学習を進める力）を高めることをねらって行う宿題における学習方法。計画・テスト・分析・練習の学習サイクルの頭文字に由来。学陽書房で書籍化の予定。

教育とは自己実現欲求

こんなことを訴えても、それどころじゃないと反感を買われることが多いのが現状です。しかし、それは当たり前です。自分自身の欲求が満たされていないのに、他者を満たそうとする「教育」という作業をするモチベーションが生まれないのは必然だからです。

マズローの「欲求5段階説」というものがあります。その底辺である、もっと寝たい、もっと休みたいといった生理的欲求が満たされていないと、上の階層へ向かうことは、非常に困難になります。

教育とは、「子どもを成長させたい」という、ピラミッドのてっぺんである、自己実現欲求にあたると、僕は考えます。

だから、日頃から睡眠不足や疲労困憊といった生理的欲求が満されないままで働いていてはいけないのです。上の階層に向かうには、自分の生産性を上げることが、必要不可欠なアプローチなのです。

自分のハッピーが根底になければ、良い教師にはなれません。まずは自分がハッピーになること。全てはそこからスタートするのかもしれません。

Work As Life

落合陽一氏が提唱するWork As Life（プライベートとの区別なく、

マズローの欲求5段階説

疲労困憊・睡眠不足というステータス異常を
ぶらさげた状態では教育のステージへ辿り着けない

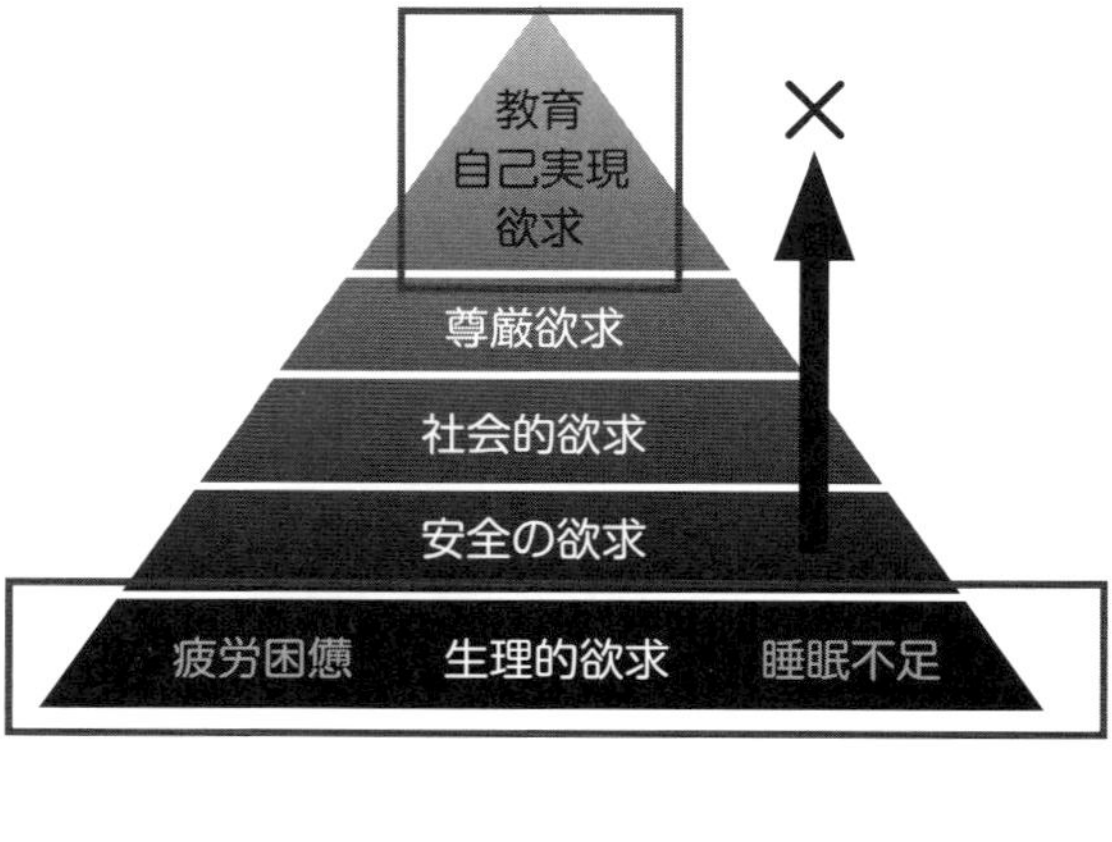

人生を通しての仕事）という働き方の価値観。僕はこれに共感します。

旧来のWork-life balanceは、仕事とプライベートを分けて考え、どちらかというと仕事をネガティブなものと捉えがちです。それに対してWork As Lifeは、仕事とプライベートをグラデーションにしていこうというものです。

今僕は、完全にこのモードに突入しています。勤務時間外も、日本中の変態的（面白い）教員仲間たちとつながり、ガッコーをもっと面白くしようと色々企んでいます。多くのプロジェクトが、現在も併行して進んでいます。

その一つが、現在、学校コンサルタントの杉山史哲さんと進めている**「みんなのオンライン職員室」**というものです。これは日本中の教員がオンライン上で集まり、実践の交流や研修を行う場を作ることをねらいとしています。

仕事を自分のミッションを達成するための手段とし、真の目的は自分が楽しむことにある。これこそが、Work As Lifeという新しい仕事への価値観。激しく儚く短い人生において、仕事をしている時間の比率は非常に大きいのです。その時間をイキイキと楽しむのか、それともイヤイヤこなすのか。

そのどちらを選ぶかによって、教師の人生の充実度は大きく変わってくるはずです。

僕のミッション

僕のミッション。

それは、目の前の子どもたちを幸せにすることです。そのために、読み書き計算といった力や、自律してモノを考えられる力をつけさせなければなりません。子どもたちが、それぞれの未来をよりよく生きられるように。

ただ、僕はマクロな視点でのミッションも持っています。

それは、日本の公教育をよりよくするということ。今、日本の公教育は、教師の働き方問題だけでなく、さまざまなネガティブなことで溢れかえっています。

ネガティブな事象を1つずつ消しさるのではなく、根本的なものを変えていく。そんなことを考え、少しずつ動きだしています。それを整理すると以下の3つになります。

1　教育の生産性改革の推進

より少ない時間で、より良い教育を。

この生産性思考を広めるために、SNSでの発信や、watcha!を始めとしたリアルでの公演、そしてこの本を出版するなどのキャンペーンを展開しています。

今後は、教員層だけでなく、公教育の在り方について、世間へ投げかけていく計画も企んでいます。

2　教員の再魅力化

かつて魅力的とされていた教員という仕事の凋落が止まりません。各地の教員採用試験の倍率低下がそれを如実に表しています。そんな教員という仕事を再魅力化したい。そんな思いを持っています。

そのため、ポジティブに頑張っている教員による発信の強化の必要性を訴えています。魅力を発信できるのは、会議室のオジサンではなく、現場の教員です。

また、教員の働き方の新しい在り方として「パラレルキャリア」についても発信しています。副収入を目的とする「副業」ではなく、自己研鑽を目的とする「複業」をすることで、自分の仕事をもっと魅力的なものにしていこうというものです。

しかし何より、今、目の前にいる子どもたちの瞳に、自分たちを魅力的に映すことが大切です。十数年後、教え子が学校に教員として帰ってきてくれれば、これほど嬉しいことはないはずです。

3　公教育のティール化

「ティール組織（従来の組織とは大きく異なる新たな組織モデル）を、公教育へ実装できないか」

これは2018年京大祭での関西教育フォーラムでお話ししたことです。

さまざまな教育の問題の真因を突き詰めていくと、**大人のエゴ**へと辿り着きます。見栄、体裁、保身、自己顕示。そういったエゴが教育の足枷となっています。それにより、本来子どもへと向けられるべきエネルギーがスポイルされてしまっています。

今一度、「**教育の存在目的とは何か?**」ということに、公教育に携わる全ての人が立ち返る時だと思います。

それは、子どもの今、そして未来にわたってのハッピーにあるはずです。

公教育全体が、エゴのない世界へと変革されることで、全ては好転していくと考えています。教育全体の仕組みを変えることはできなくとも、個がティール的価値観へとマインドを変えることはできます。

笑い飛ばされることを承知で言いますが、**日本の公教育をよりよくする**というミッションの達成を、僕は本気でねらっています。最高に面白い仲間たちとともに。

あとがき

から衣　裾に取りつき泣く子らを　置きてそ来ぬや　母なしにして

歴史の教科書で取り上げられるこの有名な詩は、防人歌と呼ばれ、当時の人々の苦しい暮らしを表したものです。

奈良時代の人々のくらしはとても苦しいもので、租庸調といった現物での納税に加え、防人として北九州の警護という労働を課されていました。母親もいないのに、子どもたちを置いて九州へ向かわなければならなかった父親の悲痛な叫びが、この歌には込められています。

Twitterを見ると、同じように多くの悲痛な叫びが聞こえてきます。もしかしたら、未来においてこれらのツイートは防人歌のように、今の教師の暮らしを伝えるものになるのではないでしょうか。

30年後、今の日本の教育の状況を振り返ったとき、どのように語られるか。これはあくまでも僕の予想ですが、価値あることも、そうでないことも含め、教師は全部やることが美徳とされた悲惨な時代だったと語られるのではないでしょうか。

現在の給特法(「公立の義務教育諸学校等の教育職員の給与等に関する特別措置法」)で規定された４%の残業代の根拠は、昭和41年における教員の平均残業時間である8時間から割り出されたものです。そこから教員の仕事は肥大化を続け、現在では過労死ラインを超えて働く教員が当たり前となってしまいました。

しかし、歴史を見ると、大きく問題視された事象は、完全に解決されるとまではいかなくとも、改善されていくことがほとんどです。公害問題、人権問題、国際問題。そう考えると、今後教員の働き方問題は、大局的には改善へと向かうはずです。また、

ＡＩ等のテクノロジーの進化や、学校組織の改変といったイノベーションが、それを後押しする可能性もあるでしょう。

そうなれば、教育界にとって、とてもハッピーなことです。しかし、一個人としての僕たち教員は、今が全てなのです。後で、「大変な時代だった」と哀れみの目で見られても、今を生きる僕たちにとって、それは1㎜の価値もないのです。そんな苦難の時代を従順に生きるのか、それとも必死で抵抗して生きるのか。どちらを選ぶのも自由ですが、僕は後者を選択し、こんな本を書いているという訳なのです。

僕には現在、2歳と5歳の2人の娘がいます。30年後に、もし今の時代にタイムスリップして、子どもたちと1日過ごす権利が売り出されたら、一体いくら出すのだろうと、ふと考えました。おそらく30年後でも、タイムマシンは発明されていないでしょうし、1億円出してもそれは叶わないはずです。ＶＲ技術等の発展により、擬似的にそういった体験はできそうな気がしますが。

我が子が、だっこをせがんだりするような、本当の意味での子どもでいる時期は、ほんの一瞬です。多分、10年くらいでしょう。小学校高学年にもなれば、家族よりも友だちとのコミュニティを大切にするようになるのですから。

未来の地平に立って今を見た時、時間の価値は圧倒的に貴重なものになるのです。でも、そういった貴重な今が、連続的に、そして無意識的におとずれる日常生活を生きていると、その価値に気づくことは、想像以上に難しいのです。

成果を生まない価値なき仕事に、その貴重な時間が侵食されることに、僕は憤りを感じます。だからこそ、選ぶことを選び、教師として受け持つ目の前の子どもと、親として受け持つ我が子の成長を最大化できるよう、時間というリソースを最適配分することを心がけています。

僕たちフツーの教師ができることは、現場で訴え、改善へのアクションを取り続けることです。Twitterで議論されることと、現場とのギャップに辟易するといった声をよく聞きます。しかし、そこで愚痴っていても、1つも前には進みません。Twitterだけの絵空事とせず、自分ごととして自分の現場で発信していくことが大切なのだと思います。

タブーというガラスを叩き割ろうとすると、拳を怪我するかもしれません。でも、その時に流れる血は少しのはずです。

人生は一度きり。

他人の時間を生きるのか、自分の時間を生きるのか。

そのハンドルを握っているのは、あなたです。

なお、本書を執筆するにあたり、学陽書房の山本聡子さん、新名祥江さんを始め、多くの方のお力添えをいただき、本著を世に出すことができました。深く感謝を申し上げます。ありがとうございました。

二〇一九年二月

坂本　良晶

著者紹介

坂本 良晶（さかもと よしあき）

1983年生まれ。京都府公立小学校教諭。採用8年目。大学卒業後、大手飲食店チェーンに勤務し、兼任店長として全国一位の売上を記録。教員を目指し退職後、通信大学で教員免許を取得。翌年教員採用試験に合格。2017年、子どもを伸ばしつつ、教員の働く時間を減らそうという「教育の生産性改革」に関する発信をTwitterにてスタートし、現在フォロワー数は8000人を超える。教師に向けての教育イベント「watcha!」や関西教育フォーラム等でスピーカーとして登壇。二児の父。

さる先生の「全部やろうはバカやろう」

2019年3月12日　初版発行
2019年4月　3日　4刷発行

著　者――――坂本良晶《さかもとよしあき》
発行者――――佐久間重嘉
発行所――――学 陽 書 房
〒102-0072　東京都千代田区飯田橋 1-9-3
営業部――――TEL 03-3261-1111 ／ FAX 03-5211-3300
編集部――――TEL 03-3261-1112
振替口座　00170-4-84240
http://www.gakuyo.co.jp/

ブックデザイン／スタジオダンク
DTP制作／越海辰夫
印刷・製本／三省堂印刷

 ISBN 978-4-313-65367-2 C0037

2030 年　教師の仕事はこう変わる！

西川 純　著

四六判・並製・208 ページ　定価＝本体 1600 円+税

ISBN978-4-313-65356-6

学校が変わる！　教育が変わる！　学校も子どもも激減し、ICT や AI がどんどん学校現場に入り、教育内容が変わっていく時代に、教師の仕事はいったいどうなってしまうのか？　これからの時代を生き抜く教師になる方法がわかる1冊！